O que a China quer?

Confira as publicações da Coleção FGV de Bolso no fim deste volume.

FGV
EDITORA

FGV de Bolso
Série Entenda o Mundo **14**

O que a China quer?

Matias Spektor
Dani Nedal (Orgs.)

Copyright © 2010 Editora FGV

1ª edição — 2010

Impresso no Brasil | *Printed in Brazil*

Todos os direitos reservados à EDITORA FGV. A reprodução não autorizada desta publicação, no todo ou em parte, constitui violação do copyright (Lei nº 9.610/98).

Os conceitos emitidos neste livro são de inteira responsabilidade dos autores.

Os artigos deste livro, traduzidos com as devidas permissões, foram originalmente publicados em:

BRESLIN, Shaun. Understanding China's regional rise: interpretations, identities and implications. Tradução de Dani Kaufmann Nedal. *International Affairs*, London, v. 85, n. 4, p. 817-835, July 2009.
FOOT, Rosemary. Chinese power and the idea of a responsible state. Tradução de Dermeval de Sena Aires Júnior. *The China Journal*, Canberra, v. 45, p. 1-19, Jan. 2001.
IKENBERRY, G. John. The rise of China and the future of the West. Tradução de Dani Kaufmann Nedal. *Foreign Affairs*, New York, p. 23-37, Jan./Feb. 2008.
LEGRO, Jeffrey W. What China will want: the future intentions of a rising power. Tradução de Dermeval de Sena Aires Júnior. *Perspectives on Politics*, Bloomington, v. 5, n. 3, p. 515-534, Sept. 2007.

COORDENADORES DA COLEÇÃO: Marieta de Moraes Ferreira e Renato Franco
COORDENADOR DA SÉRIE 'ENTENDA O MUNDO': Matias Spektor
PREPARAÇÃO DE ORIGINAIS: Luiz Alberto Monjardim
REVISÃO: Lívia Duarte, Fatima Caroni, Aleidis de Beltran
DIAGRAMAÇÃO: FA Editoração Eletrônica
PROJETO GRÁFICO E CAPA: Dudesign

**Ficha catalográfica elaborada
pela Biblioteca Mario Henrique Simonsen/FGV**

O que a China quer? / Matias Spektor, Dani Nedal (Orgs.).
Rio de Janeiro : Editora FGV, 2010.
    136 p. – (Coleção FGV de bolso. Série Entenda o mundo)

    ISBN: 978-85-225-0829-7

    1. China – Relações exteriores. 2. China – Política econômica.
I. Spektor, Matias. II. Nedal, Dani. III. Fundação Getulio Vargas.
IV. Série.

                CDD – 327.51

**EDITORA FGV
Rua Jornalista Orlando Dantas, 37
22231-010 | Rio de Janeiro, RJ | Brasil
Tels.: 0800-021-7777 | 21-3799-4427
Fax: 21-3799-4430
editora@fgv.br | pedidoseditora@fgv.br
www.fgv.br/editora**

Sobre os organizadores

Matias Spektor é doutor pela Universidade de Oxford, coordenador do Centro de Relações Internacionais da Fundação Getulio Vargas, professor e pesquisador do CPDOC. Coordena a série 'Entenda o Mundo' da Coleção de Bolso da Editora FGV.

Dani Kaufman Nedal é bacharel em Relações Internacionais pela Pontifícia Universidade Católica do Rio de Janeiro, consultor e analista sobre a China da Strategus Consultoria. Contribui regularmente em atividades do Conselho Empresarial Brasil-China e do Centro de Relações Internacionais da FGV.

Sobre os autores

Jeffrey W. Legro ocupa a cadeira Compton de Política Mundial e é diretor do Departamento de Política na Universidade de Virginia, Estados Unidos.

G. John Ikenberry ocupa a cadeira Albert G. Milbank de Política e Assuntos Internacionais na Universidade de Princeton, Inglaterra.

Shaun Breslin é professor de Política e Estudos Internacionais na Universidade de Warwick, Inglaterra.

Rosemary Foot ocupa a cadeira John Swire em Relações Internacionais do Leste Asiático na Universidade de Oxford, Inglaterra.

Sumário

Capítulo 1 9
O poder chinês e a ideia de um país responsável
Rosemary Foot

Capítulo 2 33
Entendendo a ascensão regional chinesa
Shaun Breslin

Capítulo 3 63
A ascensão da China e o futuro do Ocidente: o sistema liberal
sobreviverá?
G. John Ikenberry

Capítulo 4 83
O que a China vai querer? As futuras intenções de uma potência em
ascensão
Jeffrey W. Legro

Capítulo 1

O poder chinês e a ideia de um país responsável*

*Rosemary Foot***

Poder e responsabilidade são conceitos úteis para compreender a política externa da China durante o difícil e notável meio século de domínio do regime comunista no país. As avaliações do comportamento da República Popular da China (RPC) durante essas cinco décadas estão frequentemente relacionadas às preocupações a respeito do uso que o país tem feito de seus recursos materiais e ideológicos. Pequim tem buscado apoiar as normas dominantes da ordem internacional ou subvertê-las? O governo chinês mereceria ser chamado de uma "potência responsável", um termo definido pelas potências dominantes, ou teria agido irresponsavelmente? A China

---

* Tradução de Dermeval de Sena Aires Júnior.

** Uma versão anterior deste texto foi apresentada em outubro de 1999, em uma conferência na Australian National University (ANU). Uma versão revisada aparecerá mais adiante em um livro editado por Greg Austin e Zhang Yongjin, intitulado *The People's Republic of China at fifty: power and responsibility*. Sou grata pelos comentários do dr. James Cotton durante a conferência da ANU, pelos comentários do público e também pelas sugestões feitas por um resenhista anônimo para o *The China Journal*.

tem sido capaz de se socializar e apoiar as normas globais vigentes? Ou haveria sinais de que seu crescente poder durante as duas últimas décadas tem gerado novas tensões no sistema internacional? Olhando mais à frente, que tipo de desafio o novo poder chinês representa para o *status quo*?[1]

Neste texto, a avaliação se a China tem sido um país responsável está relacionada ao conceito de sociedade internacional. Escrevendo em 1977, Hedley Bull argumentou que uma sociedade internacional existe quando um grupo de países poderosos compartilha certos interesses comuns e regras limitadas de coexistência, e participa das atividades das instituições que mantêm esses arranjos. Nessa formulação, a sociedade internacional admite a diversidade de valores em meio a um conjunto básico de interesses recíprocos.[2]

Quando a República Popular da China se estabeleceu em 1949, o país tornou-se um enorme desafio para a sociedade internacional. O desafio amainou com o tempo e à medida que a China experimentou novas formas de participação no sistema global, especialmente após as reformas amplas e profundas iniciadas no fim da década de 1970. No entanto, enquanto a China se realinhava, os critérios básicos de participação de um país na sociedade internacional estavam em estado de transformação, indo além dos requisitos básicos que Bull considerava essenciais. O foco passou de um entendimento pluralista no qual a sociedade internacional aceitava uma ética da diferença entre cada Estado soberano, para um outro definido em termos solidaristas – a ideia segundo a qual há valores comuns globais que merecem ativa defesa da sociedade internacional.[3] A ênfase passou a estar em noções de bem comum e não mais nos interesses independentes de países soberanos.

Logo após Pequim ter decidido se integrar à sociedade internacional, seu governo percebeu que não estava de acordo com as novas definições dominantes sobre o que seria um país responsável. As mudanças de definição geraram dilemas claros para um país que desejava ser reconhecido como uma grande potência. Afinal de contas, a China não preenchia alguns desses novos critérios que afetam diretamente a organização interna dos países, tais como boa governança, intervenção humanitária e proteção dos direitos humanos.

"País responsável" e a sociedade internacional

Na avaliação de Hedley Bull, as grandes potências são definidas por seu poder (principalmente o militar) e por sua capacidade de prover ordem internacional. Por isso, as grandes potências são detentoras de direitos e deveres especiais em questões que envolvem a manutenção da ordem. Para jogar esse papel, as grandes potências precisariam compartilhar alguns interesses básicos e recíprocos, tais como as instituições centrais da sociedade internacional (a guerra, a diplomacia, o direito internacional e o equilíbrio de poder). As grandes potências formariam o núcleo da sociedade internacional não apenas por compartilhar importantes interesses e poder criar um conjunto de regras mais ou menos estáveis, mas por estar em condições de impor essas regras a terceiros.

Como descobriram os líderes chineses, no fim do século XIX e no começo do século XX, os requisitos mínimos de participação na sociedade internacional da época incluíam a proteção das vidas e da propriedade de cidadãos estrangeiros, a condução de relações diplomáticas por meio das figuras dos embaixadores e de um ministério das relações exteriores, e a aceitação do direito internacional.[4] Nessa compreensão particular da sociedade internacional, a soberania nacional –

isto é, de supremacia interna e independência de interferências exteriores – era vista como o ponto de partida essencial. As características internas de cada país não eram muito relevantes para qualificar ou desqualificar um país a participar da sociedade internacional.

As Nações Unidas e seu Conselho de Segurança, em 1945, passaram a refletir pelo menos um elemento importante desse papel de manutenção da ordem pelas grandes potências. O art. 2º da Carta das Nações Unidas reconhecia a igualdade soberana dos Estados e a norma da não interferência em assuntos internos. Além disso, enfatizava a necessidade da resolução pacífica de controvérsias e o não uso da força, exceto para propósitos de autodefesa. Nas primeiras três décadas após a guerra, os países que geralmente apoiavam essas regras e reconheciam os benefícios gerados por essas normas eram julgados responsáveis e capazes de participação na sociedade internacional. Aqueles que as rejeitavam eram evitados, vistos como irresponsáveis e percebidos como subversivos da ordem internacional. Ainda que outros artigos da Carta limitassem os direitos absolutos de soberania e fizessem referência aos direitos humanos e às liberdades fundamentais, durante a maior parte do período da Guerra Fria, a Carta era interpretada de modo a manter seu foco principal nas relações entre países e apoiar a norma da não intervenção.

A China revolucionária nas décadas de 1950 e 1960

Um dos países que pareciam rejeitar o *status quo* nessa definição de sociedade internacional era a República Popular da China (RPC), proclamada em outubro de 1949. Seu discurso, bem como muito de seu comportamento, sugeria que o país não estava preparado para se pautar inteiramente por essas regras. O vigor com que a RPC desafiou essa visão e a sua decisão de unir sua causa à da União Soviética deram significado à crença de que não apenas dois blocos de poder estavam se formando, mas também dois sistemas ideológicos. Nos primeiros anos de existência da RPC, o novo país revolucionário se recusava a assumir automaticamente as obrigações diplomáticas herdadas do anterior governo nacionalista, preferindo, como descrevia Mao, "fazer uma faxina em casa antes de receber novos convidados". A prisão em Shenyang do cônsul-geral dos Estados Unidos, Angus Ward, em 24 de outubro de 1949, com a acusação de ter "seriamente ferido" um mensageiro chinês no consulado, gerou nos Estados Unidos receio de que a imunidade diplomática não seria respeitada pelo novo governo chinês. A meta primária da China em 1949, tal como afirmada pelo ministro das Relações Exteriores Zhou Enlai, era a de obter um rápido reconhecimento e estabelecer "amizade fraterna" com a União Soviética e seus aliados socialistas e, ao mesmo tempo, adotar uma postura "hostil e de oposição aos imperialistas".[5]

Além disso, a liderança chinesa levou a sério o convite feito por Stalin para apoiar revoluções na Ásia, como demonstrou a ajuda aos planos de reunificação e independência de Kim Il Sung na Coreia e Ho Chi Minh no Vietnã.[6] A decisão tomada por Pequim de auxiliar essas lutas – um auxílio que, no segundo caso, tem sido descrito como vital para a vitória sobre os franceses em 1954 e para a capacidade de o Vietnã do Norte resistir ao poder americano no período entre 1965 e 1968 – surgiu em grande medida das ideias de solidariedade socialista e revolução mundial. Mais tarde, o apoio material e retórico chinês às lutas armadas do Terceiro Mundo, juntamente com o apoio a alguns partidos comunistas também contribuíram para a imagem de uma ordem mundial chinesa que via como virtudes o confronto e a subversão, e não a ordem e a estabilidade.[7] As disputas limítrofes não resolvidas e a continuação da guerra civil contra os Nacionalistas exilados em Taiwan resultavam frequentemente em violência. Essas atitudes da China representavam desafios às normas de não interferência e não uso da força.

O que tornou esses desafios particularmente preocupantes nos anos 1950 foi o fato de que a aparente rejeição das normas dominantes da sociedade internacional coincidiu com um significativo aumento dos recursos materiais da China. Durante o seu primeiro Plano Quinquenal, iniciado em 1952, as taxas de crescimento foram incrivelmente altas. As estimativas americanas apontavam para um aumento anual do PIB chinês da ordem de 7% e 8% para o período, com a expectativa de que, no fim da década, a China viria a "triplicar sua produção de energia elétrica, mais do que dobrar sua produção de carvão e aumentar o valor de sua indústria de maquinário em mais de duas vezes e meia".[8] Isso fora alcançado com base em um modelo político-econômico que representava uma firme rejeição ao modelo oferecido pelos países liberais e capitalistas. Na década de 1950, esses avanços econômicos, somados ao sucesso chinês em gerar um impasse para as forças armadas dos Estados Unidos nos campos de batalha da Coreia, resultaram em uma imagem da China como "a onda do futuro".[9] Ela seria capaz de desenvolver, no curto prazo, uma visão alternativa e potencialmente atraente de sociedade internacional, que poderia atrair países recém-descolonizados da Ásia e da África. Como disse Zhou Enlai durante a I Conferência de Países Afro-Asiáticos, sediada em Bandung em 1955, as diversas delegações deveriam deixar de lado suas diferenças e se unir a partir da "plataforma comum" pelo fim dos "sofrimentos e calamidades do colonialismo".[10]

Nos anos 1960, a China desafiou novamente a ordem diplomática estabelecida. Durante sua visita à Somália em fevereiro de 1964, Zhou proclamou – para o desgosto de alguns países então recém-descolonizados e vulneráveis – que "as perspectivas de revolução são excelentes no continente africano". Em 1965, foi publicada a obra de Lin Biao, *Vida longa à vitória da guerra popular*. A obra dividia o mundo em "interior" (Ásia, África e América Latina) e "cidades" (Europa e América do Norte), afirmando que uma frente unida entre os pobres e oprimidos do Terceiro Mundo seria capaz de se opor aos seus opressores urbanos.

O comportamento dos diplomatas chineses durante a Revolução Cultural levou mais de uma dúzia de países a romper relações com a China. O príncipe Sihanouk do Camboja, por exemplo, acusou Pequim de interferir nas questões internas de seu país.[11] Nessa mesma época, Pequim decidiu convocar o retorno de quase todos os seus representantes diplomáticos do exterior, para que passassem por uma intensa reeducação a partir dos preceitos revolucionários maoistas. O que se seguiu foi um caos de tamanha proporção que as autoridades centrais perderam o controle do Ministério das Relações Exteriores por um tempo, e manifestantes atearam fogo à missão britânica no país.

Nesse período, em temas de paz e segurança globais a China foi intransigente. As negociações sobre controle de armamentos entre as duas superpotências eram descritas como farsa e tentativa de controle hegemônico; as instituições de Bretton Woods como predadoras; e a ONU como uma "suja bolsa de valores na política internacional, dominada por algumas poucas grandes potências". A China afirmou que o Comitê Especial para Operações de Manutenção da Paz era parte de um complô para converter a ONU em "quartel-general de uma polícia internacional controlada pelos Estados Unidos a fim de suprimir e esmagar as lutas revolucionárias dos povos do mundo".[12] Os desentendimentos com a União Soviética no começo dos anos 1960 tornaram ainda mais evidente seu status de pária internacional, especialmente no momento em que Moscou e Washington haviam iniciado negociações com o propósito comum de evitar uma guerra nuclear.[13] Em suma, não se tratava de um novo membro da sociedade internacional nem um candidato ao status de "país responsável"; ao contrário, o governo chinês opôs-se a essa sociedade e advogou em prol do enfraquecimento das grandes potências da época.

A China como candidata a grande potência e país responsável

Sem dúvida, a atuação internacional chinesa foi mais complexa do que a descrição apresentada até aqui. A percepção da China como país socialista radical e revolucionário foi importante para seus líderes. Mas eles também buscaram explorar outra imagem – a de grande potência – e para isso tentaram obter o reconhecimento, senão o respeito, das demais potências.

Por exemplo, no Conselho de Segurança da ONU, a República Popular da China desejava o assento ocupado pelo Kuomintang; da mesma forma, o seu governo participou das deliberações entre as grandes potências em Genebra em 1954,[14] e procurou desenvolver e promover normas de conduta internacional, como os cinco princípios de coexistência pacífica, dando ênfase própria ao valor da soberania estatal, aos interesses mútuos entre as grandes potências e ao princípio da não interferência. Assim como os outros países principais, a RPC também começou a financiar programas de ajuda internacional, mesmo havendo casos nos quais a sua própria população era ainda mais pobre do que as populações beneficiadas por essa ajuda.

Apesar de promover a imagem de um país que deu apoio incondicional a movimentos revolucionários em qualquer canto do globo, nos anos 1960 a China apoiou apenas os movimentos que estivessem dispostos a adotar políticas aceitáveis para Pequim. A atitude chinesa não foi pautada pelo "caráter objetivo de classe na sociedade em questão, ou a ideologia proclamada pelo partido no poder".[15] Além disso, a atitude chinesa diante de países fracos, em particular aqueles que haviam recém-emergido de lutas anticoloniais, foi muitas vezes de mero tratamento cordial e apoio verbal.

Entretanto, nos anos 1950 e 1960, o comportamento chinês tendeu a ser predominantemente interpretado como reflexo do desejo de articular novas concepções de sociedade internacional e não como uma tentativa de entrar no clube das grandes potências. Sua diplomacia tradicional foi insuficiente para acabar com a imagem da China como o mais radical dos países revolucionários.

Foi nos anos 1970 e 1980 que a China passaria a ser vista mais como "mantenedora" ou "exploradora" do sistema do que como "opositora".[16] Durante esse período, Pequim começou a estabelecer relações diplomáticas com outras capitais, entrou para a ONU em 1971 e para as instituições de Bretton Woods em 1980. Primeiro aprimorou e depois normalizou suas relações com os Estados Unidos, ainda que à custa de antigos aliados socialistas na Ásia: Coreia do Norte e Vietnã.

Nos anos 1970, a despeito de seu crescente engajamento internacional, a China ainda não tinha assumido as responsabilidades que acompanhavam sua posição como um dos cinco membros permanentes do Conselho de Segurança da ONU. O país continuou tendo uma postura passiva nas Nações Unidas, deixando de participar em muitos dos órgãos subsidiários da organização e raramente patrocinando uma proposta de resolução ou fazendo uso de seu poder de veto.[17] Continuou rejeitando um engajamento mais profundo na economia global e manteve uma política de substituição de importações. O país não incorreu em dívidas externas ou internas nem fez uso de investimento estrangeiro direto. Muito gradualmente, após a morte de Mao e com a introdução da agenda de reformas de Deng Xiaoping – quando os próprios chineses passaram a repudiar o "modelo chinês"[18] – a liderança de Pequim começou a agir como se buscasse cumprir os requisitos de plena entrada na sociedade internacional.

Esses requisitos de participação ainda se relacionavam à ideia do gerenciamento do sistema por grandes potências, mas nos anos 1980 um país responsável começou a ser visto como aquele que gozava de boa reputação em regimes internacionais.[19] Nesse momento, os regimes e as organizações internacionais já haviam crescido rapidamente em número e variedade de áreas temáticas: controle de armamentos, operações de paz, proteção do meio ambiente e um sistema mundial de comércio. Em todas essas áreas, a China começou a participar mais ativamente.

No entanto, essa agenda normativa – suficientemente rigorosa em si – aprimorou-se ainda mais no fim dos anos 1980 e no começo dos anos 1990 como resultado do fim da Guerra Fria e de um processo mais longo de mudança normativa. Essa transformação redefiniu o conceito de segurança de modo a incluir noções de segurança humana e direitos humanos. Um país "responsável" passou a ser visto como aquele menos preocupado com a separação entre os domínios doméstico e internacional, e mais empenhado em promover a segurança dos indivíduos dentro do país, fomentando formas legítimas de representação e governança democrática. Enquanto a concepção anterior de sociedade internacional se baseava em uma compreensão de soberania que enfatizava a liberdade de ação independente e os princípios de não intervenção e não interferência, no pós-

Guerra Fria o advento de atores não estatais e novos regimes focou-se no gerenciamento de um sistema global mais interdependente. A preocupação agora era com a promoção de uma convergência em direção a valores comuns com foco na soberania dos indivíduos, não dos países.

Isso representa uma mudança na compreensão do que significa ser um Estado soberano. Não bastaria apenas controlar um território e seu povo ou ter boa reputação nos regimes internacionais. Durante a década de 1990, passou a fazer parte do jogo a noção de que os países deveriam aceitar certas regras na maneira de organizar suas sociedades internamente. Como observou Jack Donnelly em relação aos direitos humanos, os países serão membros plenos da sociedade internacional à medida que observarem os novos critérios e padrões de direitos humanos internacionais. Em suas palavras, "os direitos humanos representam uma expressão progressiva, no fim do século XX, da importante ideia de que a legitimidade internacional e a total participação como membro da sociedade internacional devem se embasar nos padrões de um comportamento justo, humano e civilizado". Donnelly prossegue: "a despeito da crescente divisão entre direito nacional e internacional, tal como observada nas concepções dominantes de soberania, a sociedade de Estados passou a aceitar que o modo como qualquer Estado trata os seus cidadãos é preocupação legítima de todos os outros Estados, dos cidadãos estrangeiros e da sociedade internacional".[20]

Essa não é apenas uma visão acadêmica. Muitos representantes governamentais durante esse período mostraram-se de acordo com a nova disposição. Alguns ressentiram essas expectativas como imposições dos mais fortes, enquanto outros ou concordaram com a meta mais ampla, ou indicaram que seu Estado havia embarcado em um novo caminho. No fim da década de 1980, por exemplo, o ministro das Relações Exteriores soviético, Eduard Shevardnadze, afirmou diante de um público de diplomatas soviéticos: "A imagem de um país é a sua atitude em relação aos seus próprios cidadãos, o respeito pelos seus direitos e liberdades, e o reconhecimento da soberania do indivíduo". Com o advento da mudança política dentro do antigo bloco soviético, a Hungria decidiu sinalizar esse aspecto de sua nova identidade quando, em 1988, o país se tornou o primeiro país do Leste Europeu a ratificar o Protocolo Opcional do Pacto Internacional de Direitos Civis e Políticos, que concede o direito de apelação ao Comitê de Direitos Humanos aos indivíduos que afirmam ser vítimas de uma violação de direitos humanos por parte de seu próprio governo.[21] Muitos outros países deram passos semelhantes, a exemplo de Brasil e Indonésia, que criaram comissões nacionais de direitos humanos, a fim de sinalizar uma mudança no comportamento político interno.

Algumas das principais instituições internacionais também passaram a promover a democracia e a melhoria do tratamento dos governos a seus cidadãos sob o selo de "boa governança". Assim, embora o Banco Mundial seja proibido por seu acordo constitutivo de advogar pela democracia pluralista, seus funcionários adotaram práticas de "boa governança" baseadas nos princípios da prestação pública de contas, transparência, fortalecimento da sociedade civil e do estado de direito.[22] Ao decidir pela concessão de um empréstimo, o Banco Mundial leva esses objetivos em consideração, assim como o faz com a política de gastos militares do país tomador. O Banco Europeu para a Reconstrução e o Desenvolvimento incorporou em sua carta fundadora o requisito de que os Estados, para receber ajuda, estejam "comprometidos com a aplicação dos princípios de democracia multipartidária, pluralismo e economia de mercado". A Organização dos

Estados Americanos (OEA) adotou uma resolução em junho de 1991 determinando: "a representação política dos Estados[-membros] deve basear-se no exercício efetivo da democracia representativa". A resolução pedia que o secretário-geral da OEA realizasse uma reunião imediata do seu Conselho Permanente "em caso de qualquer ocorrência que ocasione uma interrupção repentina ou irregular do processo político e institucional democrático, ou do exercício legítimo do poder por governos democraticamente eleitos em qualquer um dos Estados-membros da Organização".[23] Ainda que a supremacia da norma democrática termine sendo mais violada do que respeitada, em meados da década de 1990 cerca de 130 governos estavam comprometidos com eleições abertas e multipartidárias, com base no voto secreto e universal. Ademais, muitos países buscaram a validação internacional desses processos eleitorais, convidando assim à "interferência" em suas próprias questões internas. Os observadores internacionais têm servido não apenas para mostrar ao mundo o compromisso de um país para com a democracia, mas também para confirmar os resultados das eleições frente ao público interno.[24]

Juntamente com o desenvolvimento de organizações internacionais interestatais, tem havido um grande aumento no número e influência das organizações não governamentais (ONGs). Também elas vêm criando normas e julgando a responsabilidade de um governo. As ONGs podem influenciar as percepções internacionais de um país por meio das informações que possuem e de suas capacidades de trabalho transnacional em rede.[25] Essas capacidades podem ser consideráveis: estima-se que entre 1950 e 1993, o número de grupos trabalhando primariamente com direitos humanos aumentou em cinco vezes, tendo dobrado entre 1983 e 1993.[26] Um dos mais proeminentes entre eles, a Anistia Internacional, tem agora equipe e orçamento maiores do que as entidades da ONU para questões de direitos humanos.[27] As ONGs têm dado contribuições cruciais a essas entidades da ONU, tais como a Comissão das Nações Unidas para os Direitos Humanos, o Conselho de Direitos Humanos e a Comissão Contra a Tortura, e têm trabalhado junto aos governos e à mídia global. Essas entidades da ONU são altamente dependentes das informações fornecidas pelas ONGs de direitos humanos, especialmente quando se busca passar do mero estabelecimento de padrões para o monitoramento da aquiescência dos governos a tais padrões. A pressão pela conformação a alguma noção de bem comum agora vem, portanto, de muitos pontos diferentes do sistema, reduzindo o espaço de manobra de um país transgressor das normas dominantes da atual ordem global.

O cumprimento dos novos critérios pela China

Não há acordo quanto às intenções da China – ela cumprirá todos, alguns ou apenas um número limitado dos atuais requisitos para participação no clube dos países responsáveis? A avaliação é complicada porque não há como estimar claramente quanta participação é suficiente para que um país seja chamado de "responsável" e porque a sociedade internacional passou, como notou um autor, de uma *gemeinschaft* – uma *comunidade*, coesa e coerente – a uma *gesellschaft* – uma *sociedade*, mais informal e menos coesa.[28] Uma sociedade internacional menos coesa implica um leque maior de visões sobre quais devem ser as normas dominantes, e reduz a concordância a respeito de quais elementos seriam capazes de promover uma ordem global melhor.

A retórica do desenvolvimentismo ou do relativismo cultural na área dos direitos humanos, por exemplo, desafia noções de indivisibilidade e universalidade desses direitos. Os argumentos desenvolvimentistas sugerem que a ordem interna, bem como a internacional, é mais bem mantida quando se tem países economicamente fortes e avançados, e que a proteção dos direitos civis e políticos precisa abrir espaço, quando necessário, para a meta mais ampla do desenvolvimento econômico. Segundo essa visão, países como a China buscariam atingir padrões internacionais tão rapidamente quanto possível *depois* de superados seus níveis de desenvolvimento econômico relativamente baixos.

Julgar se um país é responsável ou não também é problemático porque alguns dos principais regimes internacionais oferecem a seus membros uma margem considerável de manobra, indo do atraso na implementação de compromissos à aceitação meramente formal de novas normas ou às reservas que alguns países impõem a acordos internacionais no momento de sua ratificação.

Some-se a isso o fato de que não há consenso global sobre o que constitui o comportamento responsável. O tema sempre é altamente politizado, e geralmente predomina a visão dos países mais poderosos. Desde 1945, a âncora desses critérios tem sido os Estados Unidos. A hegemonia americana produz aquilo que outros países consideram um papel tutelar por parte dos Estados Unidos. Essa posição – que W. Michael Reisman descreveu como a de um "ator de última instância em questões de importância fundamental para a política internacional contemporânea" – levou à ação unilateral e, em momentos, ilegal, a fim de preservar as metas últimas da sociedade internacional, tais como percebidas em Washington.[29] A China e outros países têm apontado justificadamente para a hipocrisia e a existência de dois pesos e duas medidas quando essas instâncias de comportamento ilegal ocorrem. Mas, apesar dessas críticas, os países continuam a invocar o papel tutelar americano em momentos de crise. E os Estados

Unidos não têm dúvidas a respeito de decidir unilateralmente se um país é "pária" ou "responsável", se faz parte da sociedade internacional ou se está fora dela.

Às vésperas da visita do premiê Zhu Rongji a Washington, em abril de 1999, o presidente Clinton descreveu o papel global e regional da China em termos positivos, em nítido contraste com os sentimentos expressos pelo Poder Legislativo e por parte da mídia. Clinton disse que a China havia ajudado a convencer a Coreia do Norte a interromper a produção de plutônio e a suspender futuros testes de mísseis, ajudando a evitar um confronto nuclear no sul da Ásia em 1998. Nos anos 1990, o país havia aderido ao Tratado de Não Proliferação Nuclear, à Convenção de Armamentos Químicos, à Convenção de Armamentos Biológicos e ao Tratado para a Proibição Completa dos Testes Nucleares (CTBT, na sigla em inglês), aceitando salvaguardas e sistemas de inspeção. Deixou de vender mísseis antinavio para o Irã e suspendeu seu apoio ao programa nuclear iraniano, além de interromper a assistência prestada às instalações nucleares do Paquistão. Na arena do meio ambiente, chineses e americanos trabalharam juntos no desenvolvimento de tecnologias mais limpas e na redução da poluição. Clinton esperava progresso na candidatura chinesa à OMC e na abertura comercial do país.[30] A descrição apresentada pelo governo americano era a de uma China com boa reputação em muitos dos regimes centrais do sistema global e que havia passado a jogar conforme as regras do jogo.

O tom positivo ecoava entre os acadêmicos. Para Michael Swaine e Iain Johnston, a postura da China em questões de desarmamento evoluiu do rechaço para o reconhecimento de benefícios a serem colhidos. Na década de 1970, a China havia assinado apenas de 10% a 20% dos acordos de controle de armamentos; enquanto isso, em 1996, o número oscilava entre 85% e 90%. Para os autores, o comportamento se explica em boa parte pelo interesse chinês na imagem de país responsável. A China assinou o CTBT, por exemplo, devido ao apoio que o acordo recebeu dos países em desenvolvimento. A liderança chinesa fez isso apesar de a assinatura restringir o poder chinês significativamente.[31] Algo similar ocorreu com o aumento da participação chinesa em operações de paz da ONU, revelando a preocupação do país com sua imagem internacional.[32]

Com relação ao comércio internacional, a China fez concessões substantivas a fim de aceder à OMC, reestruturando suas leis e regras de crédito para atrair tecnologia, investimento e comércio estrangeiros, e aderiu ao regime global de direitos de propriedade intelectual. O progresso nessas áreas não será fácil, mas é "difícil não se impressionar com a velocidade, a magnitude e a profundidade da integração da China na economia global na era pós-Mao".[33] Muitos comentaram a respeito dos custos sociais e econômicos que os trabalhadores chineses enfrentaram como resultado da participação do país na OMC – especialmente os empregados no setor estatal –, mas a China desejou aderir a essa organização porque esperava colher vantagens econômicas de longo prazo e porque queria estabelecer um lugar para si na principal organização dedicada ao tema.

As políticas ambientais da China também progrediram de modo semelhante. Pequim tem se envolvido intensamente nos tratados internacionais que lidam com questões de meio ambiente, desde que estes não sejam percebidos como empecilhos ao desenvolvimento econômico. Como resultado disso, o governo chinês criou novas instituições internas, sugerindo um compromisso contínuo para com essas decisões. É plausível esperar que essas novas burocracias ambientais chinesas resistam qualquer tentativa governamental de reverter o curso.[34]

Obviamente, a aceitação e o envolvimento por parte de Pequim em cada um desses regimes internacionais dependem em boa parte da natureza dos mesmos – o grau em que limitam o espaço de manobra do governo chinês e tolhem sua independência estratégica ou seu poder. No caso do Banco Mundial, por exemplo, a China tem sido o maior destino de créditos. Dessa forma, interesses instrumentais chineses podem explicar o comportamento cooperativo do país e o cumprimento de compromissos nessa instância.

Em outras áreas, contudo, esse raciocínio instrumental é menos persuasivo. O argumento mais convincente, nesses casos, diz respeito ao desejo chinês de que o país seja considerado uma grande potência responsável e cooperativa. É por isso que Pequim nunca cessa de contrastar seu bom histórico de adesão a regimes internacionais com as atitudes "unilaterais" e "hegemônicas" dos Estados Unidos. Há exemplos de participação chinesa em tratados internacionais mesmo quando ficar de fora deles não traria grandes custos, mas aderir a eles sim, como é o caso na área de controle de armamentos.[35] No quesito do uso da força, durante a década de 1990, a China apoiou 84% das resoluções do Conselho de Segurança da ONU, abstendo-se nas demais.[36]

Mesmo na problemática área dos direitos humanos, a China assinou os dois pactos internacionais e aceitou alguma vistoria pelo Alto-Comissariado das Nações Unidas para os Direitos Humanos, por um grupo de trabalho da ONU e por um dos relatores especiais da organização. Em parte, essa foi uma atitude para minar uma possível resolução da então Comissão de Direitos Humanos da ONU que estava prestes a condenar o país por seu histórico na matéria. Mesmo se o regime internacional de direitos humanos ameaça o Partido Comunista Chinês, e mesmo se a comunidade internacional já desistiu de impor sanções econômicas e políticas ao país (com a exceção de vendas militares), a China tem apoiado os procedimentos e parte da substância das normas internacionais que regem o tema.[37] Com a exceção de alguns congressistas americanos e daqueles que temem uma "ameaça chinesa", a maioria dos observadores concorda que a China comunista é mais responsável desde a década de 1980 do que o foi no período anterior.

Não é fácil explicar por que a China se preocupa com sua imagem internacional e com sua identidade como país responsável. Há diferentes explicações plausíveis. Em casos nos quais há pouco ganho instrumental na adesão a novas normas internacionais, o comportamento chinês pode ser explicado pela tentativa de evitar a discriminação de terceiros países. De fato, Pequim tem buscado se ater àquilo que é visto como padrão apropriado de comportamento e de "'espelhar' as práticas de outros ao longo do tempo".[38] Como apontam Swaine e Evans a respeito do controle de armamentos, "continuamente, nas entrevistas com especialistas em controle de armamentos [e em documentos para circulação interna], uma resposta comum foi que a China devia participar de um determinado tratado ou processo porque isso era parte de uma tendência histórica mundial; porque essa atitude fazia parte do papel da China como uma grande potência responsável; porque isso ajudaria a melhorar sua imagem da China e, de modo mais concreto, ajudaria a romper com as tentativas [após o massacre da Praça da Paz Celestial, em junho de 1989], por parte de alguns países ocidentais, de isolá-la diplomaticamente".[39]

O novo padrão de civilização: direitos humanos e governança democrática

Alguns governos e acadêmicos ainda relutam em descrever a China como um país responsável porque ainda não está claro como o país utilizará seu novo poder no longo prazo. Em alguma medida, a relutância se deve à declarada prontidão chinesa de usar a força no quesito de Taiwan e de pendências territoriais na sua costa Sul. As instituições internas da China aumentam essa incerteza. Uma e outra vez o governo chinês tem sido lembrado de que a proteção dos direitos humanos e a governança democrática são novos padrões de civilização e pré-requisitos para a participação de um país na sociedade internacional. Essa compreensão ajuda a explicar por que a China decidiu assinar os dois principais pactos internacionais sobre direitos humanos. Primeiramente, o Pacto Internacional de Direitos Econômicos, Sociais e Culturais foi assinado às vésperas da visita do presidente Jiang Zemin a Washington (1997) e ratificado pelo Congresso Nacional do Povo (2001). Em seguida, quando a ONU iniciou as celebrações do 50º aniversário da Declaração Universal dos Direitos Humanos (Dudh), em outubro de 1998, a China assinou o Pacto Internacional de Direitos Civis e Políticos.[40]

No entanto, o cumprimento dos critérios de direitos humanos e governança democrática para participação como membro na sociedade internacional é de enorme dificuldade para Pequim, pois isto ameaça os valores centrais do seu Estado unipartidário. As lideranças chinesas acompanharam o modo como os ativistas políticos na antiga União Soviética e no Leste Europeu usaram as adesões de seus governos aos acordos de 1975 em Helsinque para propagar suas demandas e exercer influência política. Ainda que Pequim tenha admitido os benefícios do estado de direito,[41] e ainda que

O que a China quer?

tenha introduzido nova legislação para melhorar a proteção dos direitos humanos, a adesão real aos padrões internacionais ameaçaria o poder do partido e a visão dos líderes sobre como assegurar a estabilidade política e social no país. Quando os líderes do partido encontram aquilo que consideram sinais de instabilidade, promovem campanhas de "punição severa", com o aumento expressivo no número de prisões e condenações. A atividade política organizada não sancionada pelo Partido Comunista é rapidamente reprimida. Os apelos pelo desenvolvimento de uma democracia multipartidária foram rebatidos com uma declaração por Li Peng, presidente do Congresso Nacional do Povo, a um jornal alemão, dizendo que qualquer grupo independente tentando "promover [um] sistema multipartidário [ou] negar a liderança do Partido Comunista [teria] sua existência proibida (...) a China promove a democracia e pratica o Estado de Direito, mas nosso caminho não é pautado pela abordagem ocidental, onde há separação de poderes, sistema multipartidário e privatização".[42]

Um motivo de semelhante alarme em Pequim tem sido a discussão internacional sobre a intervenção humanitária em resposta a graves violações de direitos humanos, tal como articulada pelo secretário-geral da ONU em setembro de 1999. O discurso de Kofi Annan na 54ª sessão da Assembleia Geral afirmou que a comunidade global tinha aprendido que não poderia mais assistir passivamente a violações graves e sistemáticas dos direitos humanos, que a soberania estatal estava sendo redefinida a fim de incluir a ideia da soberania individual, e que a leitura contemporânea da comunidade global para a Carta da ONU tinha se tornado "mais consciente do que nunca de que seu objetivo é proteger os indivíduos, e não proteger aqueles que os abusam".

O governo chinês foi contundentemente contra essas ideias, preferindo enfatizar os benefícios de uma definição mais tradicional de soberania estatal e não interferência. Nisso, a China não estava sozinha, mas acompanhada de outros países. Pequim argumentou que noções tradicionais de soberania eram os "princípios básicos a governar as relações internacionais", e que a ausência dos mesmos levaria a novas formas de "diplomacia coercitiva" potencialmente "catastróficas". Ainda mais reveladoras foram as declarações alarmistas chinesas em resposta à intervenção da Otan no Kossovo, que atropelou o esperado veto da China e da Rússia no Conselho de Segurança da ONU. Em um proeminente artigo publicado no jornal *Renmin Ribao*, a "Otan liderada pelos Estados Unidos" foi descrita como tendo "inventado" a "teoria absurda de que 'os direitos humanos transcendem a soberania'". A ação da Otan teria demonstrado que "uma vez que os Estados Unidos acreditem que um incidente de algum tipo tenha acontecido em um desses países [em desenvolvimento e socialistas] que não se enquadram no estilo americano de direitos humanos, ou não servem a seus interesses, os Estados Unidos podem interferir nas questões internas daquele país, violar sua soberania e até mesmo recorrer à força sob o pretexto de que 'os direitos humanos transcendem a soberania'".[43]

Assim como no conceito original europeu de sociedade internacional, o governo chinês interpreta o avanço das normas relacionadas à intervenção humanitária, aos direitos humanos e à governança democrática como imposições dos fortes sobre os fracos a partir da presunção de superioridade de valores de uma civilização em relação aos valores de outra. Durante algum tempo, outros países que haviam defendido o relativismo cultural ou um compromisso para com valores asiáticos deram alguma proteção e apoio à China, mas esse discurso terminou perdendo força.

Ainda assim, muitos países em desenvolvimento, juntamente com a China, seguem vendo os conceitos de não interferência e igualdade soberana como a melhor defesa contra as regras de um mundo dividido e desigual. A interpretação de Pequim de soberania enfatiza sua identidade como uma antiga semicolônia e como um país socialista do Terceiro Mundo, ao invés de uma grande potência, membro do Conselho de Segurança, com armas nucleares e influência crescente na economia global. Dessa forma, suas visões podem formar a base para uma coalizão entre alguns dos países mais fracos no sistema global, que venham a endossar os argumentos da China de que há dois pesos e duas medidas para fortes e fracos. Pequim está lutando para reunir essas forças em apoio a definições mais tradicionais de soberania estatal contra um ordenamento normativo que já mostra claros sinais de ter se movido para além dessa interpretação mais antiga e estreita. A China se encontra no dilema entre a necessidade de construir coalizões para reforçar sua antiga identidade e o desejo de abraçar as normas articuladas pelos países mais poderosos e pelas organizações internacionais mais influentes no sistema global.

Em resposta aos críticos, os líderes chineses argumentam que suas políticas merecem elogios, e não condenação. Afinal de contas, dizem, entre 1949 e os dias de hoje houve avanços importantes para a sociedade internacional. O partido teria unificado o país, posto fim a décadas de guerra civil, sustentado um regime civil, pacificado as fronteiras nacionais e, mais recentemente, retirado milhões de pessoas da pobreza. No entanto, a despeito dessas realizações, que foram todas alcançadas com um grande custo para indivíduos, famílias e comunidades, Pequim não pode fugir do fato de que a agenda normativa da sociedade internacional se expandiu, assim como também se expandiram as ambições dos reformistas dentro da própria China.

Muitos desses ativistas percebem nos novos padrões internacionais de direitos humanos e nas novas concepções de soberania a chave para o real desenvolvimento político em seu país.[44] Sem dúvida, muitas pessoas dentro e fora do país veem como perigosas as mudanças de um regime autoritário para uma forma de governança mais democrática, gerando imensos desafios para a manutenção da ordem interna e, com ela, para a estabilidade dos vizinhos da China. Porém, a contínua falha em avançar uma reforma política séria, no cômputo geral, põe em risco mais do que o arranjo político atual. Se essas mudanças fossem tentadas de modo sério, gradualmente, por meio de reformas constitucionais e institucionais, isso claramente lhe garantiria a imagem de um país responsável, não apenas no terreno internacional, mas também no interno. Na ausência de tais mudanças, a China continuará, em boa parte, fora da sociedade global.

Capítulo 2

Entendendo a ascensão regional chinesa*

*Shaun Breslin***

Numa era em que quase tudo relacionado à China pode ser descrito como notável ou dramático, não surpreende que as atitudes chinesas em relação ao Leste Asiático tenham passado por transformações radicais. Até a década de 1990 o país lidava com a região com suspeita e desconfiança, considerando a maior parte das nações asiáticas como agentes da política externa americana, cujo objetivo seria o de impedir a ascensão chinesa. Hoje, tomadores de decisão chineses veem um potencial considerável de avanço dos seus objetivos na região, e que os interesses econômicos e de segurança da China são mais favorecidos pelo engajamento e cooperação – tanto por relações bilaterais com vizinhos quanto por processos multilaterais, incluindo a promoção ativa de instituições regionais

---

* Tradução de Dani Kaufmann Nedal.

** Este artigo foi primeiramente apresentado em um workshop parcialmente fundado pelo Grupo de Especialistas em Ásia da Associação de Estudos Políticos e pelo Fundo de Desenvolvimento de Pesquisas da Universidade de Warwick. Agradeço a David Goodman, Peter Burnell, Kerry Brown, Greg Felker, Martin Gainsborough e Ian Taylor pelos comentários em versões anteriores, e ao revisor anônimo por numerosos comentários úteis.

formais. Atualmente, as elites da região (particularmente no Sudeste Asiático) parecem ter mais em comum com Pequim, estando em maior sintonia com os interesses da China e mais dispostas a tolerar ou aceitar uma crescente atuação regional chinesa do que em qualquer outra época desde 1949.

A ascensão da China na Ásia é claramente de grande relevância. No entanto, é importante manter um senso de equilíbrio ao considerar algo que, em certas ocasiões, tem sido tratado de forma emocional, como nas análises que estão primariamente preocupadas com as implicações desta ascensão para o poderio americano na região (e no restante do mundo). Por vezes, a busca pelas causas e a urgência de uma resposta ao desafio chinês podem dar a impressão de que a China já usurpou o lugar dos Estados Unidos, modelando a ordem regional segundo seus interesses. Essa perspectiva menospreza o poder dos Estados Unidos no Leste Asiático, e pode levar a Associação das Nações do Sudeste Asiático (Asean) e os países do Sudeste Asiático a serem vistos como passivos às iniciativas chinesas, ao invés de tomadores de decisões independentes e influentes por si mesmos.[1] O observador ocasional pode ser levado a acreditar que o Japão foi totalmente eclipsado pela China como o (único) polo econômico da região. Além disso, à medida que o poder regional da China aumenta – ou é percebido como tendo aumentado – cresce também o desejo de seus vizinhos de ver a Índia aumentar seu papel e talvez redefinir o que se entende por "região" no contexto asiático.

O presente capítulo oferece uma sucinta revisão da literatura sobre a ascensão regional da China, ilustrando as diferenças entre, por um lado, uma abordagem focada em aspectos de "segurança" (amplamente definida), e, por outro, em aspectos de "economia política" ou "política doméstica". Em particular, destaca as diferentes interpretações sobre quando a política chinesa mudou, por que mudou, e a distinção entre "meios" e "fins". Talvez não seja surpresa que até aqueles que partilham da mesma abordagem básica às vezes discordam sobre a extensão do poder, influência e/ou importância da China.

A segunda parte do capítulo avalia as principais fontes da crescente influência chinesa na região. Apesar de haver discordâncias sobre por que, quando e em que medida isto tem se dado, existe um consenso mínimo de que a China tem aumentado sua influência na região. Este consenso se refere a uma combinação de fatores diplomáticos e econômicos: o tamanho e o rápido crescimento da economia chinesa e de seus fluxos de comércio; o envolvimento diplomático com países vizinhos e com a Asean enquanto organização; a promoção proativa de cooperação econômica regional institucionalizada; e a crescente importância da China como fonte (ao invés de mera receptora) de investimento estrangeiro direto.[2] Ao invés de simplesmente reiterar tal consenso, o capítulo trata de uma potencial fonte de poder chinês – a importância das ideias e da promoção do seu "poder brando"* na Ásia.

As autoridades chinesas tentam criar uma nova imagem para o país – o que é a China, quais são seus valores, qual é seu comportamento. Entretanto, a suposta ascensão do poder brando chinês é mais convincente para aqueles que tendem ver o poder como uma amálgama de ideias e recursos materiais; ou para aqueles que estão sedentos por uma mudança na política de Washington em relação à China. Na realidade, nota-se que onde a China foi mais bem-sucedida, alcançando seus objetivos e alinhando outros países aos seus interesses,

---

* N. do E.: *soft power*, no original em inglês. Termo cunhado pelo cientista político Joseph S. Nye Jr. no início dos anos 1990 para denominar os recursos ideológicos, morais ou culturais que permitem que uma influência seja exercida sem recurso à coerção ou a incentivos econômicos – característicos do exercício do poder bruto, ou *hard power*.

foi trabalhando dentro dos marcos e normas existentes – e em certo caso, sendo mais "liberal" do que outros na promoção de acordos regionais de livre-comércio.

De fato, talvez ironicamente, uma fonte importante do poder da China é a premissa, por parte dos outros países, de que esta já o tem – seja na forma de poder brando identificado externamente ou outras fontes mais concretas, tangíveis – ou, mais corretamente, de que o terá no futuro próximo. Somado às atuais conquistas chinesas, o medo – muitas vezes justificado – do que a China poderá fazer e se tornar no futuro, pode ter um papel em criar a própria potência que é a fonte destas preocupações.

Mudanças nas políticas chinesas: quando e por quê?

Agendas de segurança

Declarações oficiais chinesas constantemente reiteram o argumento de que a China não busca nem jamais buscará hegemonia, nem na Ásia nem em qualquer outro lugar. É claro, declarações ousadas sobre um desejo de hegemonia provavelmente resultariam em um enrijecimento das posições contra a China. Além disso, pensando em termos de segurança, prevenir uma coalizão ou aliança de forças que possa ameaçar os interesses chineses é o cerne da mudança de postura do país para sua região. O nível das ameaças não é o mesmo das décadas de 1950, 1960 e início da de 1970, quando as autoridades chinesas estavam praticamente convencidas de que uma guerra com uma ou outra superpotência (talvez até com as duas) era inevitável. Mas somente os Estados Unidos teriam a capacidade para "desafiar a integridade territorial chinesa" no fim dos anos 1990.[3] E ainda que o conflito em si fosse improvável, havia uma preocupação legítima em Pequim de que a ordem regional, se dela não se ocupassem, poderia prejudicar os interesses nacionais da China. Daí a necessidade de melhorar as relações com os países da região – para ao menos neutralizar seus desejos de conter a China[4] – e de reconstruir um ambiente de segurança triangular.

Se a segurança militar foi o motor da mudança, quando ela ocorreu? Uma resposta comum é apontar 1996 como o ano-chave, e o apoio dos Estados Unidos a Taiwan durante a crise dos mísseis como o principal evento.[5] Outros identificam mudanças no começo da década, e apontam para a reafirmação da política de "boa vizinhança" (*mulin zhengce*),[6] baseada no medo de um potencial isolamento internacional depois da matança na Praça da Paz Celestial em 1989.[7] Enquanto Zhao Suisheng aceita que esta mudança foi largamente motivada por considerações acerca das relações da China com a "Grande Potência", também aponta para o crescente reconhecimento chinês de que sua segurança seria mais beneficiada por um engajamento com as nações do Sudeste Asiático e com a Asean.[8] Seus interesses convergiam, por exemplo, no que tange ao combate à pirataria marítima e ao crime transnacional. Uma década depois, a epidemia de Sars também ressaltou a importância de compartilhar informações e coordenar políticas para prevenir novas ameaças à segurança humana ou mesmo nacional. "Velhas" e "novas" ameaças indicavam o comprometimento regional como a escolha estratégica lógica.

Para aqueles que veem o "dilema de segurança"* como o motor primário de políticas regionais, outras políticas são

---

* N. do E.: "Dilema de segurança" é um termo cunhado pelo cientista político John Herz para se referir à situação na qual indivíduos ou grupos, ao buscar os meios para garantir sua segurança, acabam por reduzir a segurança de outros grupos, que por sua vez buscariam aumentar sua própria segurança, reduzindo a dos demais, e assim sucessivamente, gerando um círculo vicioso de competição e acumulação de poder.

vistas como meios para alcançar este fim. A expansão das relações econômicas na região é vista como uma forma de estabelecer confiança entre os vizinhos e, no longo prazo, assegurar que o futuro econômico da região dependa dos acontecimentos na China.[9] Por exemplo, Zhang e Tang argumentam que "a China decidiu que a melhor estratégia é transformar o país em uma locomotiva para o crescimento regional, servindo como mercado e como provedor de investimento e tecnologia para a região".[10] Robert Ross chega a sugerir que Coreia do Sul e Taiwan não se tornarão meramente dependentes da China, mas que "dado o tamanho reduzido das economias de Taiwan e Coreia do Sul, em relação à da China, sua integração total à economia chinesa é quase inevitável".[11] Sob esta ótica, o poder chinês é maximizado pela promoção de acordos econômicos bilaterais que assegurem a países amigáveis o acesso ao seu mercado, e estruturas multilaterais nascentes podem servir como instrumentos de "diplomacia comercial" para competir com o Japão e com os Estados Unidos por apoio e mesmo dominância na região.[12]

Fatores domésticos e econômicos

A ideia de que a economia é o meio e a segurança é o fim não é universalmente aceita. Economistas políticos apontam a crise financeira asiática de 1997 como um ponto de inflexão crucial, que trouxe à tona a dura realidade de que o destino da economia chinesa – e, portanto, também da sua estabilidade política doméstica – está invariavelmente ligado a acontecimentos em outros lugares.[13] Para um grupo de pensadores chineses, deve-se reconhecer o impacto da globalização e a subsequente necessidade de reconsiderar a relação entre dinâmicas políticas e econômicas e a relação entre o nacional e o internacional.[14] Essa percepção levaria ainda à reconsideração das relações da China com o resto da região, resultando na compreensão de que uma política de engajamento regional serviria ao interesse (econômico) chinês. Se tal engajamento puder ajudar a reduzir o risco de as elites asiáticas se aliarem com os Estados Unidos, melhor ainda. Enquanto especialistas em segurança veem no jogo de poder a causa da mudança de política para a região, economistas políticos veem tal mudança como subproduto, fortuito, de uma mudança de abordagem motivada por considerações econômicas.

Para outros, a fonte dessa mudança de política se encontra mais nas dinâmicas da política doméstica e na ênfase da liderança do Partido Comunista Chinês (PCC) em sua manutenção no poder a despeito de uma série de desafios domésticos à estabilidade – usando a diplomacia para servir à construção econômica doméstica (*"waijiao fuwu yu guonei jingji jianshe"*).[15] Deste ponto de vista, talvez mais promovido por Susan Shirk, a política externa seria vista como secundária às preocupações domésticas e motivada pela insegurança das lideranças chinesas, tomadas pela "paranoia" de que o PCC terá o mesmo destino dos demais regimes comunistas.[16] O engajamento regional contribuiria para a estabilidade do regime à medida que ajudaria a garantir o crescimento econômico, considerado essencial para manter a estabilidade social no país, mas também para minimizar desafios externos – políticos ou econômicos – permitindo que a liderança possa dedicar sua atenção a preocupações nacionais mais prementes. Portanto, iniciativas diplomáticas na região seriam movidas parcialmente por preocupações econômicas domésticas, estas mais associadas à sobrevivência do regime do que à segurança nacional.

Mudando imagens da China

Essa breve revisão da literatura revela diferenças importantes nas percepções acerca de quando e por que motivos a política regional chinesa mudou. Não surpreende que enquanto estas abordagens concordam quanto à necessidade de mudança na imagem nacional da China, elas diferem no que diz respeito ao por quê. Por exemplo, Shirk aponta para uma posição de fraqueza e o medo das consequências de uma aliança para conter a China, que "seria catastrófica para a estabilidade doméstica do país".[17] Outros apontam para a obsolescência da concepção da China como vítima e para a transição interna para o status autoconferido de grande potência.[18] Este é um país que "não mais se vê como enfrentando um perigo externo iminente ou em vias de uma implosão interna. Ao contrário, este se vê como um país com recursos para gerenciar sua grande transformação e uma crescente habilidade de moldar seu ambiente."[19]

Estas análises convergem sobre o reconhecimento por parte da liderança chinesa da necessidade de mudar a forma como estrangeiros a pensam, e como esperam que ela se comporte. Políticos chineses percebem que a retórica (e, às vezes, a atitude) oficial reforçou visões do país como uma potência revisionista e alimentou preocupações existentes sobre as consequências da ascensão chinesa. E, apesar das discordâncias sobre a causa da mudança de políticas, há uma concordância sobre seu resultado. "Conscientes de que sua rápida ascensão faz outros países a verem como ameaça",[20] "os diplomatas chineses têm trabalhado duro desde a década de 1990 para construir uma reputação para a China enquanto cidadã global e vizinha regional"[21] "em um esforço para mitigar a desconfiança e o sentimento de insegurança entre a vizinhança do país ."[22]

A tarefa, então, era caracterizar a China como uma "grande potência responsável" – *fuzeren de daguo*, ou apenas *fuzeren daguo* – que não ameaça os interesses dos demais, não desafia a ordem global existente e provê uma oportunidade para contínua prosperidade econômica regional (e de fato global); ou, nas palavras de Robert Zoellick, em 2005, apresentar o país como "um *stakeholder* responsável" da ordem internacional existente.[23] A tentativa de mudar essa imagem da China foi feita em parte por meio de mudanças em sua política externa – unindo-se ao tratado da Asean de Amizade e Cooperação no Leste Asiático em 2003, promovendo a Área de Livre-Comércio China-Asean, entre outras. O comportamento "responsável" da China, na crise financeira asiática, também é considerado um importante sinal de mudança na política chinesa.[24]

Também tem havido uma tentativa deliberada de criar um discurso que apresenta a China como responsável e benigna, através do que é às vezes chamado de "diplomacia pública", "marketing político internacional" ou o estabelecimento de "capital de reputação".[25] É um projeto organizado – o que Kurlantzick e outros chamam de "ofensiva do charme"* – que busca estabelecer uma imagem favorável da China.[26] Nisso se inclui a promoção de um novo grupo de diplomatas, particularmente em posições dentro da região, que conhecem a língua e a cultura de seus anfitriões e que têm a tarefa de estabelecer essa nova imagem nas suas interações com o povo local.

Há ainda a promoção de uma nova ideologia estatal – a aclamada ideia de uma "ascensão pacífica" (*heping jueqi*) da China, proposta a princípio por Zheng Bijian no Fórum Bo'ao para a Ásia em 2003 como um contra-ataque direto à teoria da "ameaça chinesa".[27] O termo em si foi deixado de lado rela-

---

* N. do E.: "*Charm offensive*", no original em inglês.

tivamente rápido – parcialmente porque atraiu tanta atenção para a "ascensão" quanto para a natureza "pacífica" da mesma; e foi substituído pelo conceito de um "mundo harmonioso" (*hexie shijie*) ou as vezes "mundo pacífico"(*heping shijie*) ou "paz e desenvolvimento" (*heping yu fazhan*).[28] Permanece, no entanto, a ideia básica de uma China que é benigna e constitui uma força para a paz, estabilidade e crescimento para todos, mensagem que os lideres chineses raramente perdem a oportunidade de reafirmar.

Além disso, não se deve ignorar o esforço das autoridades na promoção internacional da cultura chinesa através de festivais, "semanas da China" e outros programas em todo o mundo. Na opinião de David Shambaugh, educar os outros é um meio importante de transmitir valores, estabelecer afinidade com os objetivos e aspirações chineses e aumentar o poder de atração do país.[29] Sheng e Saunders enfatizam a importância da promoção da língua chinesa. Ainda que a expansão do aprendizado da língua possa ser inicialmente guiada por agendas de investimentos e comércio – pela importância de fazer negócios não só na China, mas com chineses em toda a região –, eles argumentam que isso tem o efeito colateral de alimentar o interesse pela cultura chinesa de modo geral.[30]

A China como "alternativa"

E eis que nos deparamos com um dos mistérios da política chinesa contemporânea: até que ponto a China seria uma potência *status quo* ou em que medida ofereceria uma alternativa aos modelos e normas vigentes. A promoção do aprendizado da língua chinesa no exterior é organizada pelo Conselho de Língua Chinesa Internacional, mais comumente conhecido pela forma abreviada de seu nome em chinês, o Hanban. Uma das atribuições do Hanban é promover institutos confucianos no exterior – e o uso dessa figura histórica como personificação da imagem nacional da China no exterior não é acidental. Enquanto a ordem política contemporânea pode criar mais problemas que vantagens na obtenção dos objetivos chineses, ainda há uma certa atração pela história milenar do país.

Li Mingjiang nota que a "cultura tradicional chinesa (...) é identificada como a mais valiosa fonte do poder brando chinês".[31] A pesquisa feita pelo Chicago Council sobre poder brando na Ásia parece confirmar isso, apontando um "profundo respeito pela herança cultural da China".[32] Para Sheng Ding, as raízes da atual ênfase numa ordem mundial nova e harmoniosa são encontradas (ou criadas) no passado chinês em um uso eclético das filosofias combinadas de Mêncio, Confúcio, taoísmo, Sun Tzu e outros.[33]

Não surpreende que esta leitura da história não seja consensual. Por exemplo, Dirlik questiona a natureza pacífica da sociedade doméstica no passado da China: "Historicamente falando, clichês sobre harmonia e complementaridade apagam todos os conflitos trabalhistas, lutas femininas e opressão étnica na sociedade chinesa, que passou por uma das maiores e mais dolorosas revoluções da história moderna."[34] Cohen, por sua vez, enfatiza que, nas relações exteriores do país, o uso do poder chinês na região foi menos que "brando", argumentando que "historicamente, uma China forte brutalizou os fracos".[35]

Reescrever a história de uma forma que sirva ao presente dificilmente é uma prática exclusiva da China. E não obstante tais considerações, Yoshihara e Holmes argumentam que essa "narrativa histórica" se tornou um grande motor da projeção do poder brando chinês em anos recentes, como forma de legitimar práticas atuais estabelecendo conexões (às vezes imaginadas) com precedentes históricos. No caso estudado por eles, isso implica a justificação da atual política marítima a partir das supostamente pacíficas explorações navais lideradas por Zheng He no início no século XV.[36] Para Wang Hongying e Yeh-Chung Lu, as "antigas" raízes históricas da atual política chinesa são reforçadas pela utilização de "uma memória fragmentada da Guerra do Ópio do século XIX" para primeiro estabelecer experiências comuns de colonização ocidental com outros países da região, e então reforçar a ideia de que o poder chinês seria "diferente" do das grandes potências (ocidentais).[37]

Parecemos, então, estar em uma relativamente nova era de persuasão chinesa, através da criação – e "criação" é uma palavra importante aqui – da história de uma ordem regional passada que prosperou quando a China era forte e estava em uma posição de liderança. Os valores chineses estão sendo promovidos (não só na região) com referências a uma era de ouro idealizada na forma de um ocidentalismo ou "orientalismo reverso", no qual estes são retratados como o oposto de tudo que o Ocidente (em princípio, lê-se Estados Unidos) representa. O apelo da China histórica à harmonia, paz e virtude é visto como uma alternativa cultural ao materialismo e individualismo ocidentais naquelas partes do mundo que sofreram com a hegemonia do Ocidente – seja pela dominação colonial nos séculos XIX e XX ou pela imposição de normas políticas e econômicas em tempos mais recentes.[38]

Aviso ao leitor: projetos nacionais e discursos intelectuais

Apesar dos comentários de Dirlik sobre o clichê da harmonia, seu trabalho foca na importância de se redefinir e reinventar o confucionismo (na China e além) como forma de redomesticar o capitalismo nacional em resposta à dominância de normas ocidentais globais. É importante entender esse ponto e distinguir entre a criação de uma ideia do passado para servir à política oficial atual, por um lado, e esforços intelectuais de repensar o lugar da China no mundo, pelo outro. Estes envolvem um processo contínuo de repensar a natureza da identidade chinesa – uma identidade percebida como estando ameaçada pela "globalização" (seja lá como for definida) ou pela hegemonia cultural ocidental, ou por ambas.

É difícil resumir e enquadrar tal processo em uma única escola ou abordagem. O termo "Nova Esquerda" se tornou relativamente difundido para se referir àqueles que destacam as consequências negativas da transição do socialismo e propõem alternativas à globalização como forma de promover o desenvolvimento.[39] Nem todos esses comentadores, no entanto, estão preocupados com paradigmas econômicos, e alguns dos pensadores críticos mais influentes tentam ir além da dicotomia "esquerda-direita" para buscar interpretações originalmente chinesas da modernidade.[40] Para Guo Jian, a meta principal desses "pós-estruturalistas chineses" é "desconstruir o conhecimento ocidental sobre a China e ao mesmo tempo explorar diversas possibilidades de reconstruir a identidade cultural e subjetividade nacional chinesas".[41] Ao fazê-lo, engajam-se em práticas similares à do projeto estatal de projetar a China de uma forma diferente para uma plateia externa – mas em termos de método, epistemologia e ontologia, constituem processos muito distintos que não devem ser confundidos ou combinados em um único reexame da história chinesa.

Normas internacionais e (i)moralidade

A alternativa chinesa à ordem internacional existente é baseada em quatro pilares principais de política externa: um comprometimento com o multilateralismo, no qual a ONU desempenha papel central como garantidora da segurança global; um comprometimento com a consulta e o diálogo, ao invés da força, como métodos de resolução de controvérsias; um comprometimento com o desenvolvimento econômico global, tendo os países desenvolvidos uma parte maior da responsabilidade de promover o crescimento em outros lugares; e um "espírito de inclusão", reconhecendo todas as sociedades e culturas como coexistentes e igualmente interessadas na ordem global.[42]

Em suma, a mensagem é que a China prefere uma ordem internacional democrática à hegemonia unipolar da *pax americana*. Ademais, a China teria um enorme respeito pela soberania dos Estados e não procuraria impor valores e políticas a outros países. Ao reiterar enfaticamente que a China não tem uma agenda normativa para com outros países – em sério contraste com os Estados Unidos e o Ocidente de modo geral –, essa postura "antinormativa", na verdade, se torna uma posição normativa em si. É a promoção de uma nova norma de relações internacionais – na verdade, uma antiga norma; antiga em termos da recriação da história chinesa ou na sua suposta fundamentação na soberania westfaliana.*

Para Bates Gill, a política externa americana desde o 11 de setembro "abriu novas oportunidades para o sucesso da emergente diplomacia de segurança chinesa".[43] Isso, somado à guinada nacionalista em assuntos econômicos,[44] criou um espaço – não só no Leste Asiático – que a diplomacia chinesa tenta ocupar. Esse espaço diplomático é baseado, em grande medida, no declínio da autoridade moral e da

---

* N. do E.: referência à Paz de Westfália, nome dado ao conjunto de tratados que findaram a sangrenta Guerra dos Trinta Anos, em 1648, considerada por muitos o marco fundador do sistema moderno de Estados soberanos.

atratividade das atuais grandes potências. Como um oficial australiano entrevistado por Lampton colocou, é um "poder brando negativo" – por vezes, simplesmente *não* ser os Estados Unidos é o suficiente para melhorar a imagem internacional da China.[45]

Para Kang, isso é particularmente importante no Leste Asiático porque reforça a ideia de que a Ásia seria "diferente". Um forte elemento da cultura dominante na região é um gosto, ou talvez até uma aspiração, por hierarquia. Asiáticos, portanto, estariam supostamente confortáveis com a ideia de um retorno a uma ordem regional hierárquica centrada na China. Se isso é verdade, então a reação dos países asiáticos à ascensão chinesa será baseada em alguma forma de "poder brando"; mas as raízes de tal poder não estão tanto na China contemporânea, mas sim na criação de uma ordem mundial "confuciana" histórica e em uma estrutura de relações internacionais que se difunde gradualmente na sociedade contemporânea.[46]

A atração pelo "modelo" chinês

A ideia da China como alternativa também se encontra na esfera econômica e na atração pelo sistema econômico chinês como fonte do "poder brando". Esse "modelo" tem ao menos duas dimensões principais. A primeira é o processo gerencial de reengajamento na economia global e a manutenção do controle ou propriedade estatal de setores-chave da economia; em suma, globalizar-se em seus próprios termos. A segunda é que a liberalização econômica não foi acompanhada por uma liberalização política ou movimento em direção a um sistema democrático competitivo, tomando a forma de um liberalismo econômico politicamente não liberal.

De fato, existe uma longa tradição de desenvolvimento forte e guiado pelo Estado que é bem anterior às reformas de Deng Xiaoping. De fato, as reformas pós-1978 foram de alguma forma baseadas no sucesso das nações em desenvolvimento na Ásia. A similaridade com o crescimento econômico autoritário que ocorreu em outras partes da Ásia na década de 1960 e 1970 levou Peerenboom a intitular seu capítulo sobre o modelo de desenvolvimento chinês de "*Déjà vu* outra vez".[47] Dado que as ideias de Friederich List foram a inspiração para a experiência bismarckiana (que por sua vez influenciou o desenvolvimentismo japonês), e que as ideias de List foram influenciadas pela observação dos eventos não só na Europa napoleônica, mas também na integração continental da América e seu desenvolvimento orientado pelo Estado sob Adams e Hamilton, talvez o "modelo" chinês tenha suas origens em um prévio "modelo de Washington".

Talvez seja no desafio ao consenso de Washington que encontremos as raízes da ideia de um modelo chinês – mas este é um desafio notado principalmente a partir do exterior e não dentro da China em si. Houve um amplo debate na China sobre até que ponto a experiência do país faria parte de um modelo leste-asiático, mas a publicação da obra de Joshua Ramo, *Consenso de Pequim* (conhecida em chinês como *Beijing Gongshi*), fez muito para promover a ideia da "particularidade do modelo de desenvolvimento chinês".[48] No cerne dessas leituras do modelo econômico chinês (*zhongguo jingji moshi*, ou ocasionalmente *moxing*) se encontra a ideia de que se trata de algo intrinsecamente chinês – algo que emergiu das circunstâncias específicas e peculiares na qual a China se encontrava, construído com a gama de recursos específicos e únicos disponíveis para aquela elite desenvolvimentista.

E enquanto há claramente um elemento de orgulho nacional na promoção do sucesso da experiência do desenvolvimento chinês, a extensão lógica dessa ênfase na especificidade é a de que se há um "modelo", é um que por definição não é transferível – ao menos não é capaz de ser transplantado em sua totalidade do contexto chinês para o de outros países em desenvolvimento. Ao contrário, a "lição profunda" que a China oferece aos outros Estados em desenvolvimento é "comece nas condições nacionais, trilhe seu próprio caminho": *cong guoqing chufa, zou ziji de lu*.[49] A excepcionalidade da experiência chinesa é resumida na repetição de uma palavra-chave na definição de Pan Wei: "[O] modelo chinês consiste em quatro subsistemas: uma forma *única* de organização social, uma forma *única* de desenvolver sua economia, uma forma *única* de governo e uma forma *única* de enxergar o mundo".[50]

Avaliando o "poder brando" regional da China

Kurlantzick surpreendentemente vê o poder de atração como a fonte do crescimento das relações econômicas, argumentando que o "Acordo de Livre-Comércio China-Asean [é] possível somente por causa do apelo da China como modelo econômico".[51] A maioria dos analistas oferece outras explicações para o fenômeno, mais pragmáticas e materialistas. Um problema fundamental em tentar avaliar o quanto bem-sucedida a promoção da imagem chinesa tem sido em promover os interesses do país é a grande dificuldade de saber o que motiva os atores quando estes respondem à ascensão regional chinesa.[52]

É muito fácil fazer inferências equivocadas. Por exemplo, a pesquisa do Chicago Council sobre "poder brando" na Ásia relevou uma crença forte na região de que a ascensão chinesa era "inevitável", mas admite que reconhecer a inevitabilidade "não é o mesmo que gostar dela".[53] Pode ser verdade que mais e mais estudantes na região estejam estudando chinês, que mais e mais tomadores de decisão e diplomatas estejam considerando os interesses chineses antes de tomar suas decisões finais, e que mais e mais homens de negócios também estejam cortejando a China. Mas isso pode ser em grande parte porque eles acham que a ascensão chinesa à dominação regional acontecerá não importa o que fizerem ou pensarem, e é melhor tirar o melhor proveito dessa inevitabilidade.

Ascensão chinesa ou declínio americano?

Outro problema é que é quase impossível separar o estudo das relações regionais chinesas das concepções de (in) segurança dos Estados Unidos. Acadêmicos americanos dedicaram muito tempo e atenção em anos recentes ao estudo do poder chinês no Leste Asiático. A subdisciplina foi enriquecida por, entre outros trabalhos, monografias de Sutter e Kang, coleções editadas por Shambaugh, Keller e por Rawski, e uma série de artigos no periódico especializado *International Security*.[54] Discussões mais gerais sobre as implicações da ascensão chinesa também possuem importantes dimensões regionais – a consideração de Lampton sobre as diferentes dimensões do poder chinês, a compreensão de Shirk da fragilidade do regime chinês, o foco de Gill na diplomacia de segurança e as investigações forenses de Johnston sobre como a China está sendo socializada às normas internacionais por meio da participação em regimes regionais e globais.[55]

Não surpreende que a Ásia seja tão central nas considerações das implicações da ascensão chinesa. É em sua própria vizinhança que a China é mais ativa e realizou mais progresso em se estabelecer como uma grande potência (mesmo que ainda não seja a principal). É também a região na qual o poder dos EUA está talvez sob maior ameaça. Como resultado, muitos se preocupam que as percepções negativas em relação aos Estados Unidos, a negligência americana para com o Leste Asiático, ou mesmo sua política externa no Oriente Médio tenham resultado em apoio cada vez menor a Washington. Além disso, a associação do país às políticas promovidas pelo FMI, no decorrer da crise financeira asiática, também reduz o apoio aos valores e cultura americanos (cultura definida em termos político-econômicos se não no contínuo apelo de uma ou outra marca). Portanto, em muitos aspectos, o interesse pela ascensão do "poder brando" chinês deve ser entendido como relacionado à concomitante atenção à perda do "poder brando" dos Estados Unidos em particular e aos desafios à hegemonia americana em geral.

Todos esses estudos são obviamente *sobre* a China, mas eles também são em muitos aspectos *para* os Estados Unidos. Eles são desenvolvidos, ao menos em parte, para influenciar a forma como os tomadores de decisão americanos pensam e agem em relação à China, ao avaliar primeiramente a natureza desta coisa chamada China; depois a natureza do desafio que ela apresenta aos Estados Unidos; e finalmente a eficácia das diversas respostas a fim de defender os interesses americanos. Sugerir que muito da literatura sobre o poder chinês tem por objetivo influenciar políticos em Washington não é particularmente herético: a maior parte desses trabalhos é explícita na sua intenção e tem capítulos dedicados a explicar as implicações de seus argumentos para os Estados Unidos, e como acham que o governo deveria agir. Keller e Rawski talvez falem por todos quando dizem que sua "investigação é estruturada para informar uma política americana para a Ásia capaz de responder a mudanças dinâmicas" à luz de um "aparente desengajamento dos Estados Unidos da Ásia" – "uma infeliz coincidência" entre o declínio dos americanos e as novas iniciativas regionais chinesas.[56]

Essa dimensão prescritiva das análises do poder chinês precisa ser mantida em mente quando se tenta avaliar as consequências da mudança das políticas regionais chinesas – não tanto quando se lê os estudos referidos, mas ao menos quando se consideram alguns dos avisos de uma reviravolta iminente na balança de poder. Quando a intenção é convencer um público, é importante que a mensagem seja clara. Então, quando se fala sobre o "poder brando" da China, quanto mais ampla a definição do que isso é exatamente, maior é a aparência do poder chinês e mais urgente parece a ameaça aos Estados Unidos. Por exemplo, apesar de seus comentários anteriores sobre a atratividade do modelo chinês, é central à definição de Kurlantzick das fontes do "poder brando" chinês o uso estratégico das relações econômicas como forma de atingir objetivos de políticas de poder, característica do "poder bruto".[57] Windybank também foca as relações econômicas, incluindo comércio e assistência financeira politicamente motivados, e conclui que o desafio aos Estados Unidos é real e urgente: "por meio de uma combinação de comércio, auxílio e diplomacia hábil, Pequim está estabelecendo as bases de uma nova ordem regional com a China como líder natural e os Estados Unidos como o forasteiro".[58] Talvez o tom seja mais bem resumido pelo título do livro de 2001 de Steven Mosher – *Hegemon: os planos da China para dominar a Ásia e o mundo.*[59]

Além disso, enquanto o foco do presente texto é a Ásia, essa compreensão pode ser extrapolada para inferir um desafio à dominância americana no mundo. O modelo de desenvolvimento do Consenso de Washington está sob ameaça. E a afirmação de Fukuyama, para quem "a democracia liberal continua sendo a única aspiração política coerente", parece desafiada pela aspiração de algumas elites de copiar o modelo chinês de capitalismo estatista não liberal, uma tendência que "pode levar dezenas de nações em desenvolvimento para longe do caminho da democracia liberal, criando uma comunidade de países que rejeitam as visões ocidentais de direitos humanos e padrões aceitáveis de governança nacional".[60]

Criando ou seguindo normas?

De certo, essa posição representa um extremo do espectro de interpretações, e existem outros que apontam para direções diferentes. Por exemplo, Ellen Frost vê pouco de atraente na China, observando seu sistema político, "cada vez mais arcaico", como algo que repele ao invés de atrair.[61] Pesquisas sugerem que o apelo dos Estados Unidos ainda é muito forte (mais forte do que o da China) na região;[62] e respondendo ao argumento persuasivo de Pempel de que o governo Bush "se embananou na Ásia",[63] Michael Green (ex-assessor de Bush para assuntos asiáticos) não achou nenhuma evidência de que as elites asiáticas estavam trocando Washington por Pequim: ao invés de estarem se voltando para um "Consenso de Pequim" imaginário sobre autoritarismo e não interferência em assuntos internos, as outras potências da Ásia, desde a Índia até o Japão e a Indonésia, estariam enfatizando normas universais e suas próprias identidades democráticas, mesmo enquanto estas promovem iniciativas de cooperação pan-asiáticas.[64] Na própria China, várias revisões dos debates sobre "poder brando" não veem consenso sobre as vantagens ou obstáculos apresentados pelas visões e percepções externas do país. Existe, porém, quase um consenso de que o que quer que a China faça para promover seu "poder brando", o país ainda tem um longo caminho a percorrer antes de eclipsar o poder de atração dos Estados Unidos.[65]

De fato, para Zhao, se a China eventualmente derrotar os Estados Unidos em termos de uma "competição de poder brando", isso decorrerá não do desafio a normas liberais existentes, mas através da crescente internalização destas e implementação de uma "reforma liberal e democrática".[66]

Isso nos remete novamente à pergunta se a China está provendo uma alternativa ou se está se conformando às normas vigentes. A aparente contradição entre uma potência responsável e conformista e o país como alternativa pode ser resolvida se pensarmos em termos das diferentes audiências para as quais a promoção da imagem chinesa se dirige. Fundamentalmente, a distinção simplista entre a promoção de responsabilidade direcionada à audiência internacional e a projeção de poder para um público doméstico nacionalista é uma caricatura de algo mais complexo. Mas, como a maioria das caricaturas, é um exagero que tem como base algum elemento de realidade.

Podemos decifrar a caricatura apontando para a diversidade das audiências, ideias e interesses domésticos chineses. Shen identificou uma gama de vozes e posições entre o próprio público amplamente definido como "nacionalista" (o que torna muito mais difícil para o governo chinês responder às pressões nacionalistas do que a imagem simplificada de uma única posição nacionalista sugeriria).[67] Podemos ainda pensar em diferentes audiências externas. Por exemplo, como já foi notado, discursos enfatizando o apelo da China como alternativa tendem a se focar em países em desenvolvimento na América Latina e, mais frequentemente, na África. Além disso, enquanto a retórica oficial destaca as diferenças entre as ações e as expectativas chinesas das dos países ocidentais, a ideia de que a China seria uma alternativa é tanto uma invenção de estrangeiros quanto um produto nacional.

Apesar das preocupações quanto a promoção da China como alternativa na Ásia, as evidências parecem sugerir que as atitudes e opiniões a seu respeito parecem melhorar à medida que esta se adapta às normas globais vigentes. A Ásia se enamora pela China ao passo que esta abandona antigas posturas. Líderes regionais "dão boas-vindas à propensão chinesa de fazer acordos ao invés de fomentar revoluções e aplaudem a recente onda de acordos bilaterais de livre-comércio na região".[68]

O mesmo parece ser verdade no âmbito econômico. Previamente, notamos que Zhang e Tang acreditam que as lideranças chinesas estão usando o comércio e os investimentos como forma de alcançar seus objetivos de segurança ao estabelecer uma ordem econômica regional sinocêntrica. Mas esta tentativa de pôr a China no centro da região envolve mais acomodação do que confronto e é resultado da mudança de ideias na política externa chinesa e da crescente aceitação da "crença base do neoliberalismo de que a interdependência econômica cria interesses comuns e diminui a probabilidade de conflitos."[69]

Pode ser que a nova política chinesa para a região tenha minado o poder dos Estados Unidos na Ásia. Mas, ironicamente, um dos grandes desafios para o poder americano, ao que parece, está na aceitação por parte da China de algumas normas globais que sucessivos governos americanos tentaram promover. Então a ameaça chinesa aos Estados Unidos, na região e em outros lugares, pode emergir não da sua promoção de um modelo alternativo, como sugerido no debate "Consenso de Pequim *versus* Consenso de Washington", mas, como Hu Xijin argumenta, do fato de que ao "jogar pelas regras que os próprios ocidentais formularam, a China os está derrotando em seu próprio jogo".[70] No caso da Área de Livre-Comércio China-Asean, os "competidores" da China têm mais dificuldade em lidar não tanto com a *aceitação*, mas com a *promoção* de normas liberais, e com o fato de que a China está sendo mais liberal do que os outros ao prover amplo acesso ao seu mercado a produtores agrícolas, feito que poucos países conseguem replicar.[71] A China compete sendo economicamente mais liberal que seus rivais, que são democracias liberais.

Debates sobre o crescimento do "poder brando" chinês são, em grande medida, motivados pela preocupação com o declínio do apelo de normas político-econômicas liberais ocidentais. Políticas externas intervencionistas combinadas à pressão por liberalização (incluindo setores econômicos que continuam relativamente fechados em muitos países ocidentais), exercidas tanto bilateralmente quanto por meio de instituições financeiras internacionais dominadas pelo Ocidente, de fato têm gerado desconfianças. Nesse contexto, simplesmente sugerir uma contraposição é o suficiente em muitos casos para ganhar a aprovação e estabelecer legitimidade e moralidade em interações internacionais. A China não precisa promover uma ideologia nem se opor à promoção da ideologia de outros. Sob esta perspectiva, são compreensíveis os avisos de acadêmicos e analistas políticos nos Estados Unidos de que percepções negativas das políticas americanas são altamente benéficas para a China.

Também significa que muito pode ser feito, nos Estados Unidos particularmente, para reverter a situação. Kishore Mahbubani tem sido um dos proponentes mais vocais da teoria do "declínio do Ocidente", e, nas palavras do subtítulo de seu livro de 2008, "de uma mudança irresistível do poder global para o Oriente".[72] Ainda assim, ele reconhece que o declínio dos Estados Unidos aos olhos do mundo foi interrompido, ou ao menos freado, em novembro de 2008, quando "a América mais uma vez se tornou um bastião da esperança. Pelo menos metade do antiamericanismo do mundo (...) desapareceu com a eleição de Obama".[73] A saber, Mahbubani argumenta que será fácil para Obama decepcionar, e para que a boa vontade simplesmente se dissipe. Mas podemos sugerir que o espaço ideacional internacional do qual a China se beneficiou durante a era Bush foi significativamente reduzido.

Poder econômico, poder brando e gerenciamento de crises

Enquanto 2008 pode ter visto a recuperação de parte do apelo dos Estados Unidos com a eleição de Obama, foi também um ano no qual o apelo e a legitimidade do neoliberalismo global desregulado foram severamente prejudicados. Mesmo antes da crise, muitos exportadores chineses estavam encontrando dificuldades à medida que a redução dos incentivos fiscais e a valorização do renminbi reduziam as já minguantes margens de lucro. No verão de 2008, membros do mais alto escalão do governo chinês visitaram as províncias litorâneas com maiores concentrações de indústrias de exportação, enquanto trabalhadores estavam sendo demitidos em números cada vez maiores e fábricas começavam a fechar.[74] O colapso da demanda no Japão, Estados Unidos e Europa serviu somente para exacerbar o problema existente, resultando em um declínio agudo das exportações, no fechamento de milhares de pequenas fábricas – particularmente na província de Zhejiang e no delta do rio das Pérolas – e na demissão de ao menos 20 milhões de trabalhadores migrantes.[75]

Levará um tempo até que as implicações de longo prazo da crise para o desenvolvimento chinês se tornem claras. O potencial de irrupção de disputas trabalhistas devido ao fechamento das fábricas e à queda da renda rural (devida à redução das remessas de trabalhadores migrantes) é contrabalançado pela habilidade do governo em injetar dinheiro na economia para apoiar consumidores e produtores. O grau relativamente superficial de integração à economia global, refletido na dependência de componentes importados para produzir exportações (que contabilizavam 58% das exportações totais antes da crise global), também limita o impacto do declínio no setor externo. A importância do crescimento das exportações para o crescimento econômico chinês foi, e claramente ainda é, enormemente significativa, e a perda de mercados para exportação levou muitos produtores à falência. No entanto, a situação não é tão cataclísmica quanto sugerem os números que contam em 40% a contribuição das exportações para o PIB chinês.[76]

É quase uma obrigação contratual para um acadêmico que trabalhe com China apontar que a palavra chinesa para crise é a combinação de dois caracteres – o primeiro, *wei*, significando "perigo", e o segundo, *ji*, nesse contexto, significa "oportunidade". Então, juntamente com os perigos que a crise trouxe para o crescimento chinês, também aparecem oportunidades: por exemplo, a oportunidade de fomentar o muito desejado aumento da participação do consumo doméstico no crescimento econômico e de reduzir a dependência de exportações de baixo valor agregado. A crise também permitiu que a China ganhasse visibilidade na cena internacional – por exemplo, reconhecendo a importância do seu papel na evolução dos mecanismos e instituições de governança econômica global, que encontrou expressão máxima no papel desempenhado por ela na cúpula do G-20 em Londres, em abril de 2009.

Em relação ao emergente poder regional chinês, também é cedo demais para saber qual será seu futuro. Não obstante, baseando-se na análise que informou este artigo, é possível sugerir três conclusões preliminares. Primeiro, o crescente apoio à necessidade de achar uma alternativa para o modelo do "Consenso de Washington" de governança financeira internacional tem importantes implicações regionais. A necessidade de se procurar não somente um modelo econômico alternativo ao neoliberalismo "ocidental", mas também alternativas regionais regulatórias à governança global parece estar ganhando apoio e legitimidade como resultado da atual crise. Como Soogil Young argumenta, "a confiança da Ásia na arquitetura do sistema global, e no mesmo sentido, em suas estratégias orientadas para exportação, foram profundamente fragilizadas."[77] Dado o tamanho de sua economia e, em particular suas enormes reservas de moeda estrangeira, a China será inevitavelmente uma grande força em qualquer arranjo regional. A saber, esta pode ter de dividir influência com outros – notadamente o Japão; mas tanto o apelo ideológico quanto a força estrutural das finanças e modelos dos Estados Unidos na região provavelmente diminuirão (mesmo que obituários do poder americano sejam um pouco prematuros).

Segundo, a crise permitiu que os líderes chineses reforçassem a ideia de que o país seria um ator regional responsável. De fato, a China emergiu como um polo regional quase super-responsável que está trabalhando não só para o seu próprio bem, mas também para estabilizar a economia regional como um todo. De fato, uma semana após a cúpula Asean+6 na Tailândia ter sido cancelada, em face da violência política generalizada em Pattaya, o premiê chinês Wen Jiabao usou a conferência no Fórum Bo'ao de 2009, cujo título foi "Ásia: gerenciando além da crise", não apenas para promover uma mais profunda cooperação regional para lidar com a crise, mas também para passar a imagem de que a China estava no centro deste esforço regional.

Isso nos leva à terceira sugestão. O poder brando que deriva da liderança chinesa na economia regional em tempos de crise foi reforçado pela criação de uma fonte mais concreta de influência, na forma de um fundo de investimento de US$ 10 bilhões, para apoiar projetos de infraestrutura em países da Asean para ajudá-los a lidar com a crise global.[78] Em suma, em termos materiais e pragmáticos, a China está se tornando cada vez mais importante para a região como fonte de financiamento e, se a economia chinesa se recuperar como planejado, deve se tornar um mercado ainda mais significativo para produtores regionais (em oposição a um mercado intermediário de insumos para exportação para outros mercados finais). Se a crise de 1997 marcou um ponto de virada crucial no pensamento e na política econômica para a região, a crise global de 2008 pode vir a ser vista como tendo facilitado a consolidação do papel regional da China.

Conclusões

Pode-se debater sobre quando as políticas chinesas mudaram – 1989 para uns; para outros em meados da década de 1990, ou depois de 1997. Também é questionável o que motiva o quê – se preocupações com a segurança internacional impulsionam mudanças na estratégia econômica para apaziguar a região, ou se perspectivas político-econômicas domésticas impulsionam o engajamento. Mas há um certo consenso sobre as implicações dessa mudança em termos de diplomacia e promoção ativa de cooperação econômica bilateral e multilateral. Devemos também reconhecer que o crescimento das capacidades militares tem ressonância especial para países da região – vide, por exemplo, disputas pelo controle do mar e recursos marítimos com Vietnã e Japão.

Também é consenso que as autoridades chinesas têm tentado construir uma nova imagem para o país nas relações internacionais. No entanto, é questionável o quanto a ascensão regional é baseada na promoção de novas ideias, e não em fontes mais concretas de poder e influência. A discordância quanto a isso decorre em parte de interpretações e definições divergentes sobre a natureza do "poder brando". De fato, às vezes, qualifica-se como "branda" toda ação aquém da intervenção política direta ou do uso da força militar. O propósito de desenvolver um conceito de poder brando inicialmente era justamente o de distinguir entre diferentes fontes de influência. O entendimento original de Joseph Nye pode ter sido expandido, mas incluir aqueles elementos originalmente concebidos como parte do cotidiano das relações internacionais "brutas", à moda antiga, diminui a utilidade do conceito.[79]

A influência regional chinesa pode realmente ser baseada no uso estratégico de comércio e investimentos (incluindo restringir ou oferecer acesso a mercados) e na promoção de iniciativas econômicas e diplomáticas em níveis bilaterais e multilaterais. Assim, Lampton está bastante certo ao considerar a importância de "ser um grande recipiente de investimento estrangeiro direto: possuir o mercado doméstico de peso e em mais rápido crescimento pelo qual o resto do mundo está competindo; e a crescente força da China como investidora no exterior, incluindo o controle de quase um trilhão de dólares em dívida americana".[80] No entanto, incluir tais fatores em uma definição excessivamente ampla de "poder brando" torna difícil discernir a importância da cultura, dos valores e normas, e a atratividade do "modelo" chinês, seja lá como ele for definido.

Isto posto, tanto a crise financeira asiática de 1997 quanto a atual crise global serviram para minar a confiança e a legitimidade do que é frequentemente percebido como capitalismo global "ocidental". A procura por novas formas de regulação e monitoramento regionais não leva automaticamente à adoção das preferências e à asserção da supremacia chinesa. Mas, quando combinadas com iniciativas pragmáticas como a criação do fundo de investimento da Asean, as chances de se minar a influência dos Estados Unidos na região aumentam.

Finalmente, ainda que possamos debater se a ideia de Ramo, de que há um "Consenso de Pequim", ajuda ou atrapalha o entendimento das dinâmicas regionais, seu argumento de que o mero tamanho da China gera uma "atração magnética" é esclarecedor.[81] Ou como coloca Frost, "o mero tamanho e dinamismo da economia chinesa" são imensamente significantes por si só e "podem fazer com que intervenções diplomáticas explícitas sejam desnecessárias" para fazer com que outros se conformem aos interesses chineses.[82]

O que isso sugere então é que as autoridades chinesas não precisam realmente agir ou se portar muito proativamente para expandir sua influência na região. Simplesmente lidar com suas próprias questões domésticas e assegurar crescimento contínuo podem bem ser o suficiente. De fato, uma fonte importante do poder "brando" da China parece ser a forma como alguns de seus vizinhos baseiam suas relações com o país hoje, na (justificada) expectativa de crescimento contínuo e no que eles esperam que a China se torne no futuro. Então, além de suas próprias fontes de poder, talvez a China também possua um tipo de poder "imaginado", nas mentes dos outros. A forma, portanto, como outros na região concebem e respondem à ascensão chinesa pode tornar-se uma fonte de poder e influência para o país.

Capítulo 3

**A ascensão da China e o futuro do Ocidente:
o sistema liberal sobreviverá?***

G. John Ikenberry

A ascensão da China será com certeza um dos grandes dramas do século XXI. Seu crescimento econômico extraordinário e sua diplomacia ativa já estão transformando o Leste Asiático, e nas próximas décadas veremos seu poder e influência aumentarem ainda mais. Mas como exatamente essa ascensão irá ocorrer ainda é uma questão em aberto. A China irá derrubar a ordem atual ou fará parte dela? E o que podem fazer os Estados Unidos para manter sua posição durante esse processo?

Alguns observadores acreditam que a era americana está chegando ao fim, à medida que a ordem mundial ocidental é substituída por outra cada vez mais dominada pelo Oriente. O historiador Niall Ferguson escreveu que o sangrento século XX testemunhou "a decadência do Ocidente" e "uma reorientação do mundo" em direção ao Oriente. Outros argumentam

---

* Tradução de Dani Kaufmann Nedal.

que enquanto a China ganha e os Estados Unidos perdem poder, duas coisas devem acontecer: a China tentará usar sua crescente influência para reformular as regras e instituições do sistema internacional segundo seus interesses; e os outros países – especialmente o *hegemon* em declínio – começarão a ver a China como uma crescente ameaça à sua segurança. Desses acontecimentos resultaria tensão, desconfiança e conflito: as características típicas de uma transição de poder.

Desse ponto de vista, uma China extremamente poderosa e em ascensão e os Estados Unidos em declínio disputariam pelas regras e liderança do sistema internacional. Se a emergência do maior país do mundo se der à margem da ordem internacional estabelecida no pós-II Guerra Mundial, o drama terá seu fim na ascensão grandiosa da China e na criação de uma ordem mundial centrada na Ásia.

Tal desfecho, no entanto, não é inevitável. A transição de poder entre Estados Unidos e China pode ser bastante diferente das que ocorreram no passado porque a China se defronta com uma ordem internacional fundamentalmente diferente daquelas com as quais os países em ascensão se depararam no passado. A China não encara somente os Estados Unidos; encara um sistema centrado no Ocidente que é aberto, integrado e regrado, com uma base política ampla e sólida. As armas nucleares, ao mesmo tempo, tornaram a guerra entre grandes potências improvável – eliminando a maior ferramenta por meio da qual potências em ascensão transformavam os sistemas defendidos por potências em declínio. A ordem ocidental de hoje é de difícil subversão e fácil adesão.

Esta ordem, extraordinariamente durável e abrangente, é em si o resultado de uma liderança prudente dos Estados Unidos. Após a II Guerra Mundial, o país não só se estabeleceu como a principal potência mundial, como também liderou a criação de instituições internacionais, que buscavam uma adesão universal e a aproximação de sociedades democráticas e capitalistas. Construiu-se assim uma ordem que facilitou a participação e integração tanto das potências estabelecidas quanto de países recém-independentes (é comum que se esqueça que esta ordem pós-guerra foi idealizada em grande parte para reintegrar as potências derrotadas do Eixo e os Aliados vitoriosos, porém devastados, em um único sistema internacional). Hoje, a China pode ganhar acesso total e prosperar dentro desse sistema. E se o fizer, ascenderá, mas a ordem ocidental – se corretamente gerenciada – sobreviverá.

Ao se deparar com uma China em ascensão, os Estados Unidos devem lembrar que sua liderança na ordem ocidental lhes permite moldar o ambiente no qual a China tomará decisões estratégicas críticas. Se Washington pretende manter esta liderança, deve trabalhar para fortalecer as regras e instituições que sustentam esta ordem – tornando ainda mais fácil a adesão de outros países e mais difícil a sua subversão. A estratégia americana deve ser construída com base no lema "a estrada para o Oriente passa pelo Ocidente". Deve oferecer à China mais incentivos para integração do que para oposição, aumentando as chances de sobrevivência dessa ordem mesmo após o declínio do poder relativo dos Estados Unidos.

O "momento unipolar" dos americanos irá inevitavelmente acabar. Se a luta definitiva do século XXI for entre Estados Unidos e China, o país asiático terá vantagem. Se a luta definitiva for entre a China e um sistema ocidental fortalecido, o Ocidente triunfará.

A China já está em vias de se tornar uma potência global. O tamanho de sua economia quadruplicou desde as reformas no fim dos anos 1970 e, de acordo com algumas estimativas, irá dobrar novamente na próxima década. O país se tornou um dos maiores centros produtores de manufatura do mundo e consome aproximadamente um terço da produção global de ferro, aço e carvão. Acumulou uma quantidade massiva de reservas estrangeiras, equivalentes a mais de US$ 1 trilhão no fim de 2006. Os gastos militares cresceram mais de 18% ao ano, ajustados pela inflação, e sua diplomacia estendeu seu alcance não só na Ásia, mas também na África, na América Latina e no Oriente Médio. Enquanto a União Soviética rivalizava com os Estados Unidos apenas militarmente, a China está emergindo como um rival militar e econômico – anunciando uma mudança profunda na distribuição mundial de poder.

Transições de poder são um problema recorrente nas relações internacionais. Para estudiosos como Paul Kennedy e Robert Gilpin, a política mundial é marcada por uma sucessiva ascensão de países, que ao emergir, reorganizam o sistema internacional. Um país poderoso pode criar e fazer valer as regras e instituições de uma ordem global estável que favoreça seus interesses e sua segurança. Mas nada dura para sempre: mudanças de longo prazo na distribuição de poder acabam sendo desafiadas por outros Estados que passam a disputar pelos termos da ordem internacional. Países ascendentes querem traduzir seu recém-adquirido poder em maior autoridade no sistema internacional – moldando as regras e instituições de acordo com seus próprios interesses. Países em declínio, por sua vez, temem a perda do controle e se preocupam com as implicações do enfraquecimento de sua posição.

Tais momentos de transição trazem muitos perigos. Quando um país ocupa uma posição de comando no sistema internacional, nem este nem os mais fracos têm incentivos para mudar a ordem existente. Mas quando o poder de um desafiante cresce e o poder do líder se enfraquece, surge uma rivalidade estratégica, e o conflito – talvez levando à guerra — se torna provável. Um exemplo dramático do perigo de transições de poder é o caso da Alemanha do fim do século XIX. Em 1870, o Reino Unido tinha uma vantagem de três para um em poder econômico contra a Alemanha, bem como uma vantagem militar considerável. Já em 1903, a Alemanha havia superado o Reino Unido em termos militares e econômicos. Enquanto a Alemanha se unificava e crescia, cresciam também suas insatisfações e exigências, e à medida que se tornava mais poderosa, representava uma ameaça cada vez maior a outras grandes potências na Europa, e uma competição por segurança começou. França, Rússia e Reino Unido, ex-inimigos, se uniram para confrontar uma Alemanha emergente. O resultado foi uma guerra europeia. Muitos observadores veem essa dinâmica emergindo na relação Estados Unidos-China. "Se a China continuar com esse crescimento econômico impressionante nas próximas décadas," escreveu John Mearsheimer, "os Estados Unidos e a China podem se envolver em uma intensa competição por segurança, com um considerável potencial para guerra".

Mas nem todas as transições de poder levam à guerra ou à subversão da antiga ordem. Nas primeiras décadas do século XX, o Reino Unido cedeu autoridade aos Estados Unidos sem grandes conflitos ou rompimentos de relações. Do fim da década de 1940 ao início da década de 1990, a economia do Japão cresceu de 5% para mais de 60% do PIB americano, e, no entanto, o Japão jamais desafiou a ordem internacional existente.

Existem, é claro, diferentes tipos de transição de poder. Alguns Estados viram seu poder econômico e geopolítico crescer dramaticamente e ainda assim se acomodaram à ordem existente. Outros ascenderam e procuraram mudá-la. Algumas transições de poder levaram ao declínio da velha ordem e ao estabelecimento de uma nova hierarquia internacional. Outras trouxeram somente ajustes limitados nos sistemas global e regional.

Uma variedade de fatores determina a forma como transições de poder se desdobram. A natureza do regime do país ascendente e o nível de insatisfação com a ordem antiga são críticos: no fim do século XIX, os Estados Unidos, um país liberal a um oceano de distância da Europa, era mais capaz de abraçar a ordem internacional britânica do que a Alemanha o era. Ainda mais decisivo é o caráter da ordem internacional em si – pois é baseando-se na natureza da ordem que uma potência ascendente escolhe entre desafiá-la ou a ela se integrar.

Uma ordem aberta

A ordem ocidental do pós-II Guerra é historicamente única. Qualquer ordem internacional dominada por um país poderoso é baseada em uma mistura de coerção e consentimento, mas a ordem liderada pelos Estados Unidos é distinta pelo fato de ser mais liberal do que imperial – e excepcionalmente acessível, legítima e durável. Suas regras e instituições estão enraizadas nas forças globais da democracia e do capitalismo, e são por estas reforçadas. É uma ordem abrangente, com uma rede cada vez mais ampla de participantes e partes interessadas. Ela é capaz de gerar imenso crescimento econômico ao mesmo tempo que tem regras rígidas – tudo isso a torna difícil de subverter e fácil de aderir.

Era a intenção explícita dos arquitetos dessa ordem ocidental na década de 1940 fazer uma ordem integrativa e abrangente. Antes que a Guerra Fria dividisse o mundo entre dois campos rivais, Franklin Roosevelt procurou criar um sistema universal gerenciado por grandes potências cooperativas que iriam reconstruir a Europa arrasada pela guerra, integrar os países derrotados e estabelecer mecanismos para a cooperação e crescimento econômico. De fato, foi Roosevelt quem defendeu – contra Winston Churchill – que a China fosse incluída como membro permanente do Conselho de Segurança das Nações Unidas. O então embaixador australiano nos Estados Unidos escreveu em seu diário após sua primeira reunião com Roosevelt durante a guerra:

> Ele disse que teve inúmeras discussões com Winston sobre a China e que sentiu que Winston estava 40 anos atrasado quanto à China, que ele continuamente se referia aos chineses como *"Chinks"* e *"Chinamen"* e ele sentia que isto era muito perigoso. Ele queria manter a China por perto porque em 40 ou 50 anos a China poderia facilmente se tornar uma nação muito poderosa militarmente.

No meio século seguinte, os Estados Unidos usaram o sistema de regras e instituições que haviam criado de forma eficaz. A Alemanha ocidental estava vinculada aos seus vizinhos democráticos da Europa ocidental pela Comunidade Europeia do Carvão e do Aço (e, posteriormente, pela Comunidade Europeia) e aos Estados Unidos pela Organização do Tratado do Atlântico Norte (Otan); o Japão estava associado aos Estados Unidos por uma aliança e laços econômicos em expansão. A reunião de Bretton Woods, em 1944, ditou as regras monetárias e comerciais que facilitaram a abertura e o subsequente florescer da economia mundial – um feito impressionante tendo em vista os estragos da guerra e os interesses divergentes das grandes potências. Acordos adicionais entre Estados Unidos, Europa ocidental e Japão solidificaram o caráter aberto e multilateral da economia do pós-guerra. Após o início da Guerra Fria, o Plano Marshall na Europa e o pacto de segurança de 1951 entre Estados

Unidos e Japão integraram ainda mais as potências derrotadas do Eixo à ordem ocidental.

Nos dias finais da Guerra Fria, este sistema se mostrou novamente muito bem-sucedido. Enquanto a União Soviética declinava, a ordem ocidental fornecia um conjunto de regras e instituições que ofereciam aos líderes soviéticos garantias e pontos de acesso – efetivamente encorajando estes a fazerem parte do sistema. Além disso, a liderança compartilhada da ordem assegurava a acomodação da União Soviética. Enquanto a administração Reagan perseguiu uma política linha-dura com Moscou, os europeus preferiram a *détente* e engajamento. Para cada ato de linha-dura, existia um ato moderado correspondente, permitindo que Mikhail Gorbachev conduzisse reformas de alto risco. Na véspera da unificação alemã, o fato de que uma Alemanha unificada estaria enraizada em instituições europeias e atlânticas – ao invés de se tornar uma grande potência independente – ajudou a assegurar a Gorbachev que nem as intenções da Alemanha nem do Ocidente eram hostis. Após a Guerra Fria, a ordem ocidental mais uma vez conseguiu lidar com a integração de uma nova onda de países, dessa vez do finado mundo comunista. Três características em particular da ordem ocidental foram críticas para esse sucesso e longevidade.

Primeiro, ao contrário dos sistemas imperialistas, a ordem ocidental é construída com base em regras e normas de não discriminação e abertura de mercados, criando condições para que países ascendentes possam perseguir seus objetivos econômicos e políticos dentro do sistema. No decorrer da história, ordens internacionais variaram amplamente em termos da distribuição dos ganhos materiais gerados; se são concentrados desproporcionalmente no país líder ou se são amplamente compartilhados. No sistema ocidental, as barreiras para a participação econômica são baixas, e os potenciais benefícios são altos. A China já descobriu os retornos econômicos massivos que são possíveis quando se opera dentro de um sistema de mercado aberto.

A segunda diferença é o caráter coletivo de sua liderança. Ordens passadas tendiam a ser dominadas por uma só potência. Na liderança da atual ordem ocidental há uma coalizão de potências – uma importante distinção – organizadas em torno dos Estados Unidos. Esses líderes, em sua maioria democracias liberais avançadas, nem sempre concordam, mas estão engajados em um contínuo processo de diálogo sobre economia, política e segurança. Transições de poder são tipicamente retratadas como protagonizadas por duas potências, uma ascendente e uma em declínio, com a ordem cedendo assim que a balança de poder muda. Mas, na ordem atual, a agregação de países democráticos e capitalistas – e a resultante acumulação de poder – inclina a balança a favor da ordem vigente.

Terceiro, a ordem ocidental pós-guerra possui um sistema de regras e instituições extraordinariamente denso, abrangente e amplamente aceito. Apesar de não ser perfeita, esta é mais aberta e mais regrada do que qualquer ordem anterior. A soberania dos países e a primazia da lei não são somente normas consagradas pela Carta das Nações Unidas, mas sim parte da lógica operacional da ordem. Estas normas estão evoluindo, e os próprios Estados Unidos têm historicamente sido ambivalentes com relação à adesão ao direito e às instituições internacionais – e mais do que nunca durante o governo Bush. Mas o sistema em geral é denso, com regras multilaterais e instituições – globais e regionais, econômicas, políticas e relacionadas à segurança. Estas representam um dos maiores avanços da era do pós-guerra e fornecem as bases para níveis sem precedentes de cooperação e uma autoridade compartilhada do sistema global.

Os incentivos que estas características criam para que a China se integre à ordem internacional liberal são reforçados pela nova natureza do ambiente econômico internacional – especialmente a nova interdependência impulsionada pela tecnologia. Os líderes chineses com visão de mais longo prazo entendem que a globalização mudou o jogo e que a China, portanto, necessita de parceiros fortes e prósperos mundo afora. Da perspectiva americana, uma economia chinesa saudável é vital para os Estados Unidos e para o resto do mundo. A tecnologia e a revolução econômica global transformaram as relações econômicas internacionais – tornando a lógica política e institucional da ordem atual ainda mais poderosa.

Acomodando a ascensão

O mais importante benefício que essas características da ordem internacional trazem é a impressionante capacidade de acomodação das potências ascendentes. Novos membros do sistema têm formas de ganhar status e autoridade e oportunidades de desempenhar um papel no governo da ordem. O fato de Estados Unidos, China e outras grandes potências terem armas nucleares também limita a habilidade de uma potência ascendente subverter a ordem existente. Mudanças pela guerra foram abolidas como processos históricos.

A forte estrutura de regras e instituições da ordem ocidental já está começando a facilitar a integração chinesa. De início, a China adotava certas regras e instituições com fins defensivos: protegendo sua soberania e interesses econômicos enquanto buscava assegurar aos outros suas intenções pacíficas, envolvendo-se em agrupamentos regionais e globais. Mas como Marc Lanteigne argumenta:

O que diferencia a China de outros Estados, especialmente de potências globais anteriores, é que não só ela está crescendo em um ambiente de instituições internacionais mais desenvolvidas do que no passado, mas, sobretudo, o faz enquanto usa estas ativamente para promover o desenvolvimento do país em uma potência global.

A China, em suma, está cada vez mais trabalhando dentro, ao invés de fora, da ordem ocidental.

O país já é um membro permanente do Conselho de Segurança das Nações Unidas, um legado da determinação de Roosevelt em construir uma ordem universal baseada na liderança de múltiplas grandes potências. Isto lhe dá a mesma autoridade e vantagens de que os demais membros permanentes se beneficiam. O sistema global de comércio também é cada vez mais valioso para a China. Os interesses econômicos chineses são bastante congruentes com o atual sistema econômico global – um sistema que é aberto e institucionalmente flexível, no qual a China se inseriu entusiasticamente e prosperou. O poder estatal hoje depende de um crescimento econômico sustentável, e a China está bem ciente de que nenhum país de peso pode se modernizar sem se integrar ao sistema capitalista globalizado. Se um país quer ser uma potência mundial, não tem escolha a não ser se unir à Organização Mundial do Comércio (OMC). A estrada para o poder global, de fato, passa pela ordem ocidental e suas instituições econômicas multilaterais.

A China não só necessita do acesso contínuo ao sistema capitalista global, como também quer a proteção que as regras e instituições do sistema oferecem. Os princípios de comércio multilateral e o mecanismo de solução de controvérsias da OMC, por exemplo, oferecem-lhe ferramentas para se defender das ameaças de discriminação e protecionismo que potências econômicas ascendentes frequentemente enfrentam. A evolução da postura da China sugere que seus líderes reconhecem tais vantagens: quanto mais o compromisso de Pequim com a liberalização econômica tem fomentado o investimento e comércio estrangeiros, mais enfático se torna seu apoio às regras do comércio global. É possível que à medida que a China passe a defender a OMC, o apoio das economias ocidentais mais maduras à organização seja reduzido. Mas é mais provável que tanto os países em declínio quanto os em ascensão reconheçam o valor dos mecanismos da OMC, que permitem que as controvérsias sejam resolvidas ou, ao menos, limitadas.

As instituições econômicas internacionais vigentes também oferecem oportunidades para novas potências ascenderem em suas hierarquias. No Fundo Monetário Internacional e no Banco Mundial, a governança é baseada em cotas econômicas, que países em crescimento podem traduzir em maior voz institucional. De fato, o processo de ajuste tem sido lento. Os Estados Unidos e a Europa ainda dominam o FMI. Washington tem uma cota de votação de 17% (já foi de 30%) – o que significa um controle efetivo, uma vez que são necessários 85% de votos para a aprovação de uma ação – e a União Europeia tem grande voz na escolha de 10 dos 24 membros da diretoria. Mas há crescentes pressões, principalmente a demanda por recursos e a necessidade de se manter relevante, que provavelmente irão persuadir os países ocidentais a dar mais voz à China nessas instituições de governança econômica. Os atuais acionistas do FMI, por exemplo, veem um maior papel para os países em desenvolvimento ascendentes como necessário para renovar a instituição e superar sua atual crise. Na reunião do FMI em Cingapura, em setembro de 2006, eles concordaram com reformas que darão a China, México, Coreia do Sul e Turquia uma voz maior.

À medida que a China abandona a posição de país em desenvolvimento (e, portanto, de cliente dessas instituições), será cada vez mais capaz de agir com preponderância. A liderança nessas instituições não é simplesmente um reflexo do tamanho da economia (os Estados Unidos detiveram sua cota de votação no FMI mesmo enquanto seu peso econômico relativo declinou). Não obstante, avanços dentro dessas instituições criarão oportunidades importantes para a China.

Transição de poder e mudança pacífica

Vista por essa perspectiva, a ascensão da China não precisa levar a uma batalha vulcânica com os Estados Unidos pela liderança e pela definição das regras globais. A ordem ocidental tem o potencial de transformar a transição de poder vindoura em uma mudança pacífica, em termos favoráveis aos americanos. Mas isso só acontecerá se os Estados Unidos reforçarem a ordem vigente. Hoje, com Washington preocupada com o terrorismo e com a guerra no Oriente Médio, reconstruir as regras ocidentais pode parecer para alguns de importância marginal. Muitos membros do governo Bush eram abertamente hostis ao sistema multilateral e regrado que os Estados Unidos tem moldado e liderado. Tal hostilidade é tola e perigosa. A China se tornará poderosa: já está em ascensão, e a arma estratégica mais importante dos Estados Unidos é a habilidade de decidir que tipo de ordem a receberá.

Os Estados Unidos devem reinvestir na ordem ocidental, reforçando as características que encorajam engajamento, integração e restrição. Quanto mais esta ordem aproximar os países capitalistas e democráticos em instituições profundamente enraizadas, mais será aberta, consensual e regrada; e quanto mais amplamente distribuídos forem seus benefícios, mais provável será que potências em ascensão assegurem seus interesses pela integração e pela acomodação, e não pela guerra. E se o sistema ocidental oferecer regras e instituições que beneficiem toda a sorte de países – ascendentes e decadentes, fortes e fracos, emergentes e maduros – sua dominância como ordem internacional será praticamente certa.

A primeira coisa que os Estados Unidos devem fazer é se restabelecer como o principal apoiador do sistema de governança global, que é a base da ordem ocidental. Isso facilitará, primeiramente, uma resolução coletiva de problemas que beneficie a todos. Ao mesmo tempo, se outros países vissem os Estados Unidos usando seu poder para fortalecer as regras e instituições existentes, este poder se tornaria mais legítimo – e a sua autoridade seria fortalecida. Os países do Ocidente se tornariam mais inclinados a trabalhar com o poderio americano, ao invés de a ele resistirem, o que reforçaria a centralidade e dominância do Ocidente.

Para renovar as regras e instituições do Ocidente será necessário, entre outras coisas, atualizar as velhas barganhas que fundamentaram os principais pactos de segurança no pós-guerra. O entendimento estratégico por trás tanto da Otan quanto das alianças de Washington com o Leste Asiático é que os Estados Unidos trabalhariam com seus aliados para prover sua segurança e os consultariam na tomada de decisões sobre o uso da força. Os aliados dos norte-americanos, por sua vez, operariam dentro de uma ordem ocidental liderada pelos Estados Unidos. A cooperação por segurança no Ocidente continua extensa até hoje, mas sendo as principais ameaças menos óbvias do que na época da Guerra Fria, o propósito e as responsabilidades dessas instituições estão sob disputa. Portanto, os Estados Unidos precisam reafirmar o valor político dessas alianças – reconhecendo que elas fazem parte de uma arquitetura institucional ocidental que permite aos países se relacionar uns com os outros.

Os Estados Unidos devem também renovar seu apoio a instituições multilaterais de maior alcance. No âmbito econômico, isso incluiria aprofundar os acordos e a arquitetura da OMC, inclusive se esforçando para concluir a Rodada de Doha de negociações comerciais, que pretende estender oportunidades de mercado e liberalização do comércio aos países em desenvolvimento. A OMC está em estado crítico. O princípio básico de não discriminação está em risco graças à proliferação de acordos bilaterais e regionais. Além do mais, questiona-se a capacidade da OMC de promover uma liberalização do comércio – particularmente na agricultura – que beneficie países em desenvolvimento. Essas questões podem parecer pequenas, mas o caráter fundamental da ordem liberal internacional – seu compromisso com regras universais de abertura que promovam equidade de ganhos – está em risco. Dúvidas similares assombram uma variedade de outros acordos multilaterais – sobre aquecimento global e não proliferação nuclear, entre outros – e estes também precisam de uma renovação da liderança dos Estados Unidos.

A estratégia não é somente se certificar de que a ordem ocidental seja aberta e regrada, mas também que tal ordem não se fragmente em um arranjo de acordos bilaterais e "minilaterais", levando os Estados Unidos a se acharem ligados a apenas alguns países-chave em diversas regiões. Em tal cenário, a China teria oportunidade de construir sua própria seleção de acordos bilaterais e "minilaterais". Como resultado, o mundo se partiria em duas esferas rivais, americana e chinesa. Quanto mais a segurança e as relações econômicas forem multilaterais e abrangentes, mais o sistema global manterá sua coerência.

Além de manter a abertura e a durabilidade da ordem, os Estados Unidos devem redobrar seus esforços para integrar países em desenvolvimento ascendentes em instituições globais estratégicas. Trazer os países emergentes para a governança da ordem internacional dará nova vida a ela. Os Estados Unidos e a Europa devem achar espaço na mesa não só para a China, mas também para países como Brasil, Índia e África do Sul. Um relatório da Goldman Sachs sobre os chamados Brics (Brasil, Rússia, Índia e China) notou que até 2050 as economias desses países juntos podem superar as dos países originais do G-6 (Alemanha, França, Itália, Japão, Reino Unido e Estados Unidos) juntos. Cada instituição internacional encara seus próprios desafios. O Conselho de Segurança da ONU é talvez o mais difícil de lidar, mas sua reforma também traria as maiores recompensas. Organizações menos formais – o chamado G-20 e várias outras redes intergovernamentais – podem prover caminhos alternativos para a manifestação e representação de interesses.

O triunfo da ordem liberal

O ponto principal a ser lembrado pelos líderes americanos é que talvez a China supere os Estados Unidos sozinha, mas é bem menos provável que consiga subverter a ordem ocidental. Em termos de peso econômico, por exemplo, a China irá passar os Estados Unidos como o maior país por volta de 2020 (dada sua população, a China precisa apenas de um quinto da produtividade dos Estados Unidos para se tornar a maior economia global). Mas quando se considera a capacidade do sistema ocidental em conjunto, os avanços econômicos da

China parecem bem menos significativos; sua economia será bem menor que as economias combinadas da Organização para Cooperação e Desenvolvimento Econômico até um futuro distante. E isso é ainda mais correto em termos militares: a China não deve chegar nem perto do total de gastos militares da OCDE tão cedo. O mundo capitalista democrático é uma poderosa base de apoio à preservação – e de fato à expansão – da atual ordem internacional. Se o país pretende ascender e desafiar a ordem existente, terá uma tarefa bem mais árdua do que simplesmente confrontar os Estados Unidos.

O "momento unipolar" irá passar eventualmente e a dominância terá fim. A grande estratégia americana deve ser guiada por uma pergunta-chave: que tipo de ordem internacional os Estados Unidos gostariam de ver em funcionamento quando se tornarem menos poderosos?

Isto pode ser colocado como a questão neorrawlsiana da era atual. O filósofo político John Rawls argumentou que instituições políticas devem ser concebidas por trás de um "véu de ignorância" – isto é, os arquitetos devem construir instituições como se eles não soubessem precisamente onde estarão dentro do sistema socioeconômico. O resultado seria um sistema que salvaguarda os interesses do indivíduo, seja este pobre ou rico, fraco ou forte. Os Estados Unidos devem aplicar esse princípio à sua liderança da ordem internacional: estabelecendo instituições e fortalecendo regras que irão salvaguardar seus interesses, qualquer seja a posição que ocupe na hierarquia ou a distribuição de poder daqui a 10, 50 ou 100 anos.

Felizmente, tal ordem já existe. A tarefa agora é torná-la tão abrangente e institucionalizada que a China não terá escolha a não ser se tornar um membro pleno dela. Os Estados Unidos não podem impedir a ascensão da China, mas podem ajudar a assegurar que o poder desta seja exercitado dentro das regras e instituições que os Estados Unidos e seus parceiros construíram no último século; regras e instituições estas que podem proteger os interesses de todos os países em um futuro mais complexo. A posição global dos Estados Unidos pode estar se enfraquecendo, mas o sistema internacional que lideram pode continuar como a ordem dominante do século XXI.

Tabela 1

Projeções do PIB, 2005-2030 (em paridade de poder de compra, US$ trilhões)

	China	Estados Unidos	OCDE
2005	9	12	34
2010	14	17	44
2015	21	22	55
2020	30	28	73
2025	44	37	88
2030	63	49	105

Fontes: OCDE e Economist Intelligence Unit.

Tabela 2

Projeções de gastos com defesa, 2003-2030 (US$ bilhões)*
China / EUA / OCDE

	China	Estados Unidos	OCDE
2003	60	417	740
2010	88	482	843
2015	121	554	962
2020	152	628	1.089
2025	190	711	1.233
2030	238	808	1.398

* Calculado como porcentagem constante do PIB – sendo 2003 o ano-base – usando as projeções do PIB da tabela 1.

Capítulo 4

O que a China vai querer? As futuras intenções de uma potência em ascensão*

*Jeffrey W. Legro***

A ascensão da China traz desafios não só pelo crescente poder do país, mas também pela dificuldade de prever suas intenções no futuro próximo. A China tem enfatizado que o seu desenvolvimento como uma grande potência será pacífico e sem sobressaltos. No entanto, existe um "caldeirão de ansiedade" a respeito do futuro da China.[1] As declarações de especialistas têm ressaltado esta incerteza.[2] Em fevereiro de 2007, o então vice-presidente Cheney alertou que o recente teste antissatélites e o aumento geral da força militar chinesa não eram "coerentes com a meta de 'ascensão pacífica' declarada pela China".[3]

O aumento do poder chinês levará Pequim a desafiar as normas, regras e instituições internacionais? Ou a integração chinesa à economia internacional, sua crescente classe média

---

* Tradução de Dermeval de Sena Aires Júnior.
** O autor agradece a Robert Ross, Tang Shiping, Brantly Womack e Zhu Feng pelos valiosos comentários e a Daniel Aaron Weir por sua excelente assistência de pesquisa.

e sua participação cada vez maior em instituições e fluxos internacionais levarão o país a sentir-se satisfeito com a ordem internacional existente? Hoje, a China parece ser uma potência satisfeita com o *status quo*.[4] Mas ela continuará a sê-lo no futuro?

As respostas hoje existentes para essas perguntas carecem de um elemento crucial: uma explicação geral das imprevisíveis mudanças nas intenções chinesas.[5] Mesmo se tivéssemos acesso ao funcionamento preciso do governo chinês, é improvável que tais informações pudessem desvendar seus objetivos futuros. Mesmo se a China tivesse hoje planos secretos ou de hegemonia ou de harmonia, essas metas estariam sujeitas às mudanças inerentes ao próprio crescimento chinês e seus respectivos desdobramentos. Ironicamente, nem mesmo os principais líderes chineses, apesar de todo seu poder, podem saber com certeza o que o seu país há de querer no futuro.

Há duas visões predominantes sobre a China. A primeira enfatiza o *poder* chinês e afirma que o desejo do país de uma revisão da ordem internacional crescerá à medida que seu poder relativo aumente, a despeito daquilo que Pequim pense atualmente. Nessa visão, os outros países precisam conter a ascensão da China, pois em algum momento o país usará seu poder recém-adquirido para desafiar a ordem global. Já a segunda visão enfatiza a crescente *interdependência* entre a China e o resto do mundo e afirma ser possível evitar o conflito, mediante o fortalecimento das vozes dentro do país que pressionam por liberalização política e acomodação às regras do sistema internacional. Ambas as respostas são insuficientes, porém, porque fazem projeções lineares: ora o crescimento chinês levará a uma política revisionista marcada pelo conflito, ora levará a uma integração harmoniosa ao sistema internacional.[6]

Na realidade, o futuro diplomático do país provavelmente dependerá de mais elementos do que essas duas visões reconhecem: fatores de difícil precisão, especialmente em casos como o da China, que é autoritária e carece de transparência em muitas áreas. Aquilo que diplomatas e estrategistas mais necessitam é justamente o que os acadêmicos têm mais dificuldade de estudar.[7] No caso da China, está claro que tanto o poder relativo quanto a interdependência econômica afetam sua política externa. A questão é: qual será o peso desses fatores?[8]

Eu sustento que a influência de ambos depende de uma terceira engrenagem: ideias chinesas sobre como alcançar metas de política externa. Essas ideias cumprem três funções cruciais: favorecem certos grupos de interesse em detrimento de outros; geram expectativas a partir das quais é julgado o desempenho de uma dada política externa; e facilitam ou impedem o aparecimento de uma nova estratégia. Por exemplo, quando as expectativas chinesas a respeito dos benefícios de se integrar à ordem internacional vigente são contrariadas pelos fatos, surge uma oportunidade para que os críticos desafiem a ortodoxia. A subsequente alteração do rumo da política externa depende, no entanto, da capacidade que estes críticos têm de articular ideias alternativas e factíveis.

Esta abordagem difere consideravelmente de outras mais tradicionais. Contra a visão centrada no poder da China, veremos que o cenário futuro mais perigoso não é o da "ascensão" do país, mas sim o de rupturas em seu crescimento econômico. E contra os proponentes da interdependência econômica, argumento que o engajamento econômico não leva necessariamente à harmonia. É comum, historicamente, que países que se integrem rapidamente provoquem conflitos sistêmicos.[9] Ao longo dos dois últimos séculos, a própria China tem experimentado diversas abordagens, seja de cooperação, desafio ou distanciamento da sociedade internacional. O ponto aqui não é que o poder ou a liberalização econômica não sejam importantes, mas sim que esses fatores interagem com as ideias predominantes de maneira particular, moldando padrões de comportamento nacional.

A implicação para os Estados Unidos é a de que nem uma política de contenção, nem uma de engajamento são escolhas confiáveis. Hoje, os tomadores de decisão já aceitam este fato, e optam por uma estratégia de *hedging**, capaz de buscar ambas as opções (conflito e cooperação) simultaneamente dependendo do *comportamento* chinês a cada momento.[10]

Ofereço aqui uma visão um tanto diferente e mais proativa: para lidar com uma China em ascensão deve-se atentar não ao seu comportamento em si, mas sim à natureza das ideias dominantes de suas elites governantes. Se o governo chinês propuser ideias e cursos de ação que favoreçam a integração cooperativa, faz sentido se esforçar tanto quanto possível para garantir que essa elite ganhe força perante seus críticos. Do mesmo modo, ideias e ações revisionistas devem ser penalizadas – mas *apenas* caso haja grupos influentes de oposição promovendo alternativas mais atraentes. Caso contrário, não importa o quão indesejável for uma abordagem específica: se a sua alternativa for ainda menos desejável, pressões por mudanças rápidas podem ser problemáticas. Portanto, cabe à comunidade internacional agir de modo proativo (e não apenas reativo), alimentando os grupos e as ideias na China que sejam mais benignos.

---

* N. do E.: termo emprestado do mercado financeiro, *hedging* consiste na redução ou neutralização do risco de determinadas aplicações por meio de aquisição de posições que possam compensar perdas destas. Em política internacional, isto implica uma postura intencionalmente ambígua, que confira flexibilidade em tempos de incerteza.

É claro, há limites significativos para o quanto se pode influenciar um país com o tamanho da China e com o seu tipo de regime político. Porém, sabemos a partir da experiência soviética que, mesmo em casos de países autoritários, esforços lentos e pacientes de apoio a reformistas podem surtir efeito.[11] O futuro da China não será decidido pelas ações dos outros, mas essas ações já influenciaram o país no passado (por exemplo, Nixon e a abertura da China), e poderão fazê-lo novamente no futuro.

Busco enfatizar como a China se encaixa em um padrão geral observado em outras grandes potências em suas tentativas de revisar, unir-se ou distanciar-se da ordem global. A meta aqui é apontar os problemas na atual discussão, oferecer uma visão alternativa e explorar sua relevância contemporânea. Um bom ponto de partida é definir com exatidão o que se entende por "futuras intenções" e delinear a natureza das atuais intenções chinesas. Em seguida, o capítulo apontará como os argumentos do poder e da interdependência lidam com a questão das intenções, oferecerá uma explicação para a ocorrência de rupturas e continuidades em política externa e explorará as implicações dessa explicação para a compreensão das futuras intenções chinesas.

A China e a ordem internacional contemporânea

Quando falamos de *intenções*, nos referimos àquilo que a China planeja fazer, especificamente seus planos para lidar com a ordem internacional. Em termos gerais, os países lidam com a ordem internacional de três modos: integração, revisão ou distanciamento. O primeiro, integração, refere-se às estratégias nacionais que aceitam os princípios, as regras e as normas dominantes daquilo que Hedley Bull chamou de "sociedade internacional".[12] Tipicamente, tais países são vistos como potências *status quo*, "satisfeitas" ou "conservadoras", devido a seu desejo de operar *dentro* do sistema internacional. Uma segunda categoria inclui países "insatisfeitos" ou "revisionistas": estes se esforçam para *transformar substancialmente* o sistema internacional. Isso comumente gera conflitos, uma vez que outros países se mostram determinados a defender a ordem vigente.[13] Uma terceira abordagem é a tentativa de se *remover* ou *distanciar* da órbita das normas e práticas internacionais prevalecentes, assim como o Japão de Tokugawa tentou fazer no século XIX, ou como Mianmar tem feito nos últimos anos.

Intenção é um termo frequentemente associado a desejos, metas ou interesses. Entretanto, é útil separar os interesses de um país das ideias que ele adota a fim de alcançá-los. Os interesses, de forma mais geral, variam relativamente pouco: todos tendem a pensar na segurança contra ameaças externas e, especialmente a partir do século XX, na prosperidade econômica como responsabilidades centrais dos governos.[14] Como declarou Jiang Zemin em 1997, a China busca "ser próspera e forte" – um objetivo compartilhado pelos líderes chineses (e de outras nações) ao longo das eras. O desejo chinês de ser "um país rico e forte" e de "enriquecer seu povo" é visível pelo menos desde o século XIX.[15] Hoje, a China certamente tem a intenção de aumentar o seu "poder nacional amplo".[16]

Estes objetivos básicos podem parecer relativamente constantes, mas as ideias de como alcançá-los não são. Historicamente, estes têm variado entre a subversão violenta da ordem internacional, o desejo de permanecer alheio a ela e o esforço de integrá-la. Como ilustra o quadro a seguir, a própria história da China durante os dois últimos séculos mostra variações entre essas posturas.

O que a China quer?

Atitudes chinesas ante a ordem internacional

Qing (1800-1860)	Isolacionista
Republicana (1896-1939)	Integracionista
Era Mao (1949-1976)	Revisionista
Era Deng (1978-)	Integracionista

Por essa tipologia, as intenções atuais da China são predominantemente integracionistas. O país está participando e operando dentro das regras do sistema vigente. A fonte inicial dessa abordagem conservadora se encontra na ascensão de Deng Xiaoping em 1978. Desde então, a China não tem buscado se distanciar do sistema, tampouco tem tentado derrubá-lo, optando cada vez mais pelo envolvimento. Essa orientação tem se manifestado na adesão gradual a instituições internacionais, bem como em outras formas de cooperação informal com as potências existentes.[17]

Tal orientação, cautelosa no começo do período Deng, tem ganhado um ímpeto considerável nos últimos 15 anos. Pode-se discutir a profundidade da integração chinesa – se é superficial ou acontece em níveis mais profundos – mas a tendência é clara.[18] O país abandonou a "revolução mundial" e a retórica revisionista, além de dar menos ênfase a seu papel autoatribuído de "líder do Terceiro Mundo".[19] Ao invés disso, a China de hoje mostra a maioria das marcas de uma grande potência conservadora, aceitando os princípios básicos da ordem internacional existente.[20] O país ingressou na Organização Mundial de Comércio, tem cooperado mais amplamente com os Estados Unidos desde os ataques de 11 de setembro e participa regularmente nas reuniões do G-8. A promoção chinesa dos "Cinco Princípios de Coexistência Pacífica" e o seu apelo por uma "nova ordem política e econômica, justa e racional" são vagos.[21] O compromisso chinês com a revisão do sistema de modo a beneficiar países em desenvolvimento ganha força geralmente quando envolve medidas ligadas ao crescimento da própria China, ou às preocupações de soberania relacionadas à sua própria história como alvo do imperialismo.[22]

Sugerir que a China aceita os princípios básicos da atual ordem internacional não significa dizer que o país prefere que não haja mudanças na política mundial. A China certamente está insatisfeita com alguns aspectos. Três desses aspectos importantes são o domínio dos Estados Unidos, o status de Taiwan e a pressão externa pela democratização.

A China favorece a "multipolarização" e a "democratização" nas relações internacionais – isto é, o peso mais equilibrado para todos os países (ou pelo menos as grandes potências), e restrição ao "hegemonismo" dos Estados Unidos (ou de qualquer outro país predominante) – especialmente no que diz respeito ao uso da força para auferir ganhos ou intervir na política doméstica de outros países.[23] Esse sentimento é bastante comum e compartilhado pela maioria das grandes potências, incluindo os aliados europeus dos Estados Unidos. A China é especialmente sensível a tais questões em função da ligação existente entre seu passado colonial, a subsequente independência e a legitimidade do regime comunista (que baseia sua autoridade, em parte, na restauração da autonomia chinesa).

A segunda questão é a situação de Taiwan. A China favorece a reunificação e rejeita qualquer tentativa de reforçar a independência taiwanesa. Desde 1979, o país tem defendido uma reunificação pacífica, ao invés de uma "liberação" forçada, mas tem desenvolvido capacidade militar com este objetivo. Nessa questão, assim como no caso do Tibet e de outros territórios em disputa, a China se vê como defensora das regras vigentes. Em sua visão, a unificação com Taiwan é uma "questão interna", sobre a qual um país soberano deve tomar suas próprias decisões. Como Mao proclamou aos Estados Unidos em 1970, "vocês ocuparam a nossa ilha de Taiwan, mas eu nunca ocupei as terras de Long Island".[24]

A combinação do desejo por autonomia e a reunificação com Taiwan está alimentando uma tendência incomum às grandes potências contemporâneas (com a exceção dos Estados Unidos) – um aumento relativamente rápido de sua capacidade militar. Ainda que seja difícil ter acesso aos números exatos, em função da confidencialidade com que a China trata essas questões, estima-se que o país aumentou seus gastos militares em aproximadamente 15% ao ano entre 1990 e 2005, tendo anunciado aumento de 17,8% em 2007. O nível geral – com estimativas variando entre US$ 45 e US$ 100 bilhões – ainda é apenas uma fração dos gastos norte-americanos, de US$ 440 bilhões (orçamento para o ano fiscal de 2007, sem contar o adicional de US$ 50 bilhões para o Iraque e o Afeganistão).[25]

A China tem progredido significativamente em termos de sua capacidade militar (incluindo mísseis balísticos e de cruzeiro, submarinos, aeronaves e operações anfíbias), relacionadas, mormente, a desafios regionais, especialmente a cenários envolvendo Taiwan. Pressupondo que a economia chinesa triplicará até 2025, espera-se que os gastos militares chineses atinjam entre US$ 185 e US$ 400 bilhões (isto é, menos do que o atual orçamento de defesa dos Estados Unidos). Os chineses continuam a enfrentar importantes desafios geopolíticos, como Índia, Rússia, Japão e Estados Unidos, sem mencionar os desafios internos e as demandas de gastos públicos. Com esse panorama, é improvável que a atual escala de modernização militar represente mais do que o desejo de proteger sua visão de autonomia, o que inclui além de Taiwan, áreas em disputa nos Mares do Leste e do Sul do país.[26]

Por fim, a China pode ter a maioria dos atributos de uma grande potência normal, mas ela se distingue das outras grandes potências contemporâneas em uma peculiaridade importante: ela é a única que não é uma democracia. Essa característica sugere tensões e desacordos em relação às normas emergentes da sociedade internacional a respeito de direitos humanos e políticos.[27] A China mantém boas relações com países que, para uma democracia, poderiam ser parceiros estigmatizados ou pouco desejáveis – como Irã, Coreia do Norte, Sudão, Mianmar e Rússia.

À medida que a democracia se torna uma característica marcante da sociedade internacional – e à medida que os países são forçados a escolher entre democracias e não democracias –, a China pode, de fato, tornar-se uma potência revisionista. Alguns observadores têm argumentado (e o governo chinês não discorda) que o país oferece um modelo diferente de desenvolvimento – o "Consenso de Pequim", que desafia o "Consenso de Washington" dominado pelos Estados Unidos.[28] Este modelo tem como características a grande interferência do Estado na economia, a proteção rigorosa da soberania e o desenvolvimento de formas assimétricas de defesa para combater outros países mais poderosos (por exemplo, os Estados Unidos). Em circunstâncias extremas, como um agravamento da crise econômica global, tal visão pode se tornar um referencial de resistência à sociedade internacional contemporânea.

No presente momento, a noção chinesa de democracia é a "democracia da ditadura", ou seja, uma situação na qual o povo é o "senhor do Estado" – termos kafkianos que se referem a algo que não é uma democracia, tal como geralmente compreendida. Ao contrário, o poder reside nas mãos do Partido Comunista e todas as entidades políticas devem seguir suas ordens ou arcar com os custos elevados de não fazê-lo. De fato, mesmo hoje, quando a China aspira a maiores reformas democráticas, o "mais importante e fundamental princípio para o desenvolvimento de uma democracia política socialista na China" é a liderança do Partido Comunista.[29] A competição política é rara, a escolha popular para a liderança do país não é permitida, a imprensa trabalha sob rédeas curtas, a internet é filtrada e bloqueada com impressionante sofisticação, a religião é controlada pelo governo e os acordos de direitos humanos são nominalmente reconhecidos mas não totalmente implementados.[30]

Apesar dessa conjuntura, a China não defende que outros países adotem sistemas políticos semelhantes ao seu, ou que as normas de direitos humanos não tenham validade.[31] O que Pequim enfatiza é que princípios como soberania, estabilidade e integridade territorial devem se sobrepor a essas considerações.[32] A China não exclui a possibilidade de se democratizar no futuro, apenas insiste que seguirá seu caminho próprio, definindo o estilo de sua democracia e ritmo de abertura. Por ora, a norma internacional parece enfatizar a democratização (ou seja, esforços de liberalização política), e não a situação final de democracia (uma meta vaga). As declarações e as ações do governo chinês se encaixam bem nesse perfil – como argumentarei a seguir, o país vem liberalizando-se aos poucos, ainda que em ritmo lento e com alguns reveses. Em geral, a despeito de tensões sobre direitos humanos e democratização, a estratégia da China deve ser vista predominantemente como integracionista.

Poder e interdependência: explicações limitadas

A afirmação básica das análises centradas em considerações de poder é a de que o aumento do poder de um país aumenta-lhe o apetite geopolítico e possivelmente o leva a uma rota revisionista. Como afirmou uma vez Robert Gilpin, "com o aumento de seu poder relativo, o país em ascensão tenta mudar as regras que regem o sistema".[33] John Mearsheimer concluiu que as crescentes capacidades da China a levariam a se tornar "não uma potência *status quo*, mas sim um país agressivo e determinado a alcançar a hegemonia regional".[34] Denny Roy espera que: "o crescimento da China, de um país fraco em desenvolvimento a um país forte e próspero, resultaria em uma política externa mais assertiva... mais ousada e exigente, menos inclinada a cooperar com as outras grandes potências da região".[35]

Essa visão tem duas variações: a do "*hegemon* paciente" e a do "gigante inocente". Na primeira variação, a China seria como a Alemanha do período de Weimar: esperando pacientemente tornar-se suficientemente forte para reconfigurar uma ordem internacional que lhe é opressiva. Atribui-se a Hans von Seeckt – chefe do exército alemão ilegal (paralelo) nos anos de 1920 – a frase: "primeiro, nos fortaleceremos, e então, recuperaremos o que perdemos".[36] Deng Xiaoping teria supostamente aconselhado: "observar calmamente; manter nossa posição; lidar com as questões prudentemente; esconder nossas capacidades e aguardar; manter a discrição; e nunca proclamar liderança".[37] A implicação é a de que a aquisição de poder produzirá novas estratégias no futuro. O tenente-general Mi Zhenyu, vice-comandante da Academia de Ciências Militares, colocou a questão mais diretamente: "por um bom tempo será absolutamente necessário que nutramos em silêncio o nosso sentimento de vingança [dos Estados Unidos]. (...) Devemos esconder nossas capacidades e ganhar tempo".[38]

A segunda variação vê na China um "gigante inocente", que pode não ser revisionista agora, mas provavelmente caminhará nessa direção à medida que o seu poder aumente. Os líderes chineses podem acreditar genuinamente que a ascensão do país será pacífica, mas, uma vez tendo alcançado recursos suficientes, provavelmente irão querer mais e estarão dispostos a conceder menos, tolerando assim menos o *status quo*. Às vezes, essas mudanças serão provocadas não pela China, mas sim pela ação insegura do *hegemon* em declínio – os Estados Unidos.[39]

Nessa visão, o conflito parece provável, uma vez que a transição de poder entre grandes potências é vista como fonte primária e essencial da guerra na arena internacional.[40] No caso chinês, a preocupação é maior devido a seu sentimento histórico de vitimização.[41]

Esses argumentos identificam corretamente alguns elementos centrais da política externa chinesa e das suas relações internacionais. Os líderes chineses prestam muita atenção ao poder e à geopolítica.[42] De fato, enquanto a China estiver interessada em se integrar à sociedade internacional, deverá ter, pelos próprios princípios do sistema, interesse no equilíbrio de poder. E a China está certamente concentrada no aumento de seu próprio poder e em contrabalancear os Estados Unidos na Ásia.[43] Há também bons motivos para crer que os objetivos e a influência chinesa crescerão em alguns âmbitos à medida que o seu poder aumente. Seria uma verdadeira anomalia se alguma porção da recém-acumulada riqueza chinesa não fosse direcionada a aumentar e modernizar o poder militar do país. Do mesmo modo, é fácil imaginar que uma China mais poderosa usará parte de seu poder para contrariar aquelas potências acostumadas a dar as cartas na Ásia sem grande oposição – como, por exemplo, os Estados Unidos.

O problema desses argumentos, no entanto, é que "poder" não é o mesmo que "destino". A premissa segundo a qual os países buscam aumentar seu poder nas relações internacionais nada diz sobre como suas lideranças pensam a respeito dos métodos mais eficazes para fazê-lo: desafiando, cooperando ou ignorando o resto do mundo. Quando os países respondem a condições externas, não o fazem diretamente. Há lideranças, grupos e forças internas, cada uma com suas percepções e preferências próprias.[44] Agregar essas preferências em um conjunto coerente de escolhas coletivas é uma tarefa cheia de obstáculos.[45] Via de regra, portanto, a estratégia de um país termina sendo filtrada pela política doméstica.

A realidade mostra que nem sempre os países ampliam sua política externa à medida que seu poder aumenta. Do mesmo modo, eles nem sempre a restringem quando seu poder declina. Anomalias históricas são comuns.[46] Os Estados Unidos emergiram da I Guerra Mundial como a potência dominante nas relações internacionais, mas o seu envolvimento e seus objetivos *não* se expandiram, e sim se contraíram no período entre guerras. A China da dinastia Qing *não* alterou suas ideias isolacionistas para lidar com a ameaça europeia, mesmo quando o contexto de segurança indicava que os perigos estavam aumentando. E em termos de trajetórias de poder, a Grã-Bretanha e os Estados Unidos *não entraram* em guerra entre si na virada do século XX, mesmo quando os Estados Unidos ultrapassaram a Grã-Bretanha como a potência internacional dominante.[47] A estratégia nacional raramente pode ser entendida apenas a partir das condições externas de um país.

Tampouco as ideias por trás da política externa seguiram fielmente a lógica do equilíbrio de poder. Apesar de ser regu-

O que a China quer?

larmente mais fraca que as potências centrais desde o século XIX, a China usou estratégias díspares: isolamento na era Qing, integração no período republicano e nos dias atuais, e revisionismo na era Mao. Curiosamente, a China foi revisionista em um dos períodos de maior fraqueza de sua história – a chegada de Mao ao poder.

Para os estudiosos que enfatizam a interdependência, forças internas propiciarão a integração do país ao sistema internacional. Isso ocorrerá mediante alguns mecanismos básicos. Primeiro, diplomatas e negociadores chineses passarão, com o tempo, a definir o interesse nacional em termos mais coerentes com o atual sistema.[48] Em segundo lugar, espera-se que a crescente participação chinesa na economia mundial favoreça interesses econômicos e políticos domésticos que pressionarão por uma liberalização política ainda maior.[49] Por exemplo, à medida que a China se moderniza, crescem sua classe média e os recursos desta – tendência que historicamente tem sido uma força a favor da democratização política.

Por fim, o aumento do turismo e da educação de chineses no exterior,[50] a maior liberdade de expressão, a proliferação de ideias pela internet[51] e das experiências, ainda que limitadas, com votações populares para certos assuntos, inspirariam um gosto pela liberdade capaz de alimentar os impulsos pró-democratização, que, por sua vez, alinhariam o país mais harmonicamente aos padrões internacionais.

Seguindo essa lógica, quanto mais a China estiver envolvida econômica e socialmente com outras grandes potências, mais ela ganhará do sistema e mais terá a perder se tentar mudá-lo, ou se terminar envolvida em um grande conflito.[52] Ainda nessa perspectiva, a progressiva adesão ao sistema terminará modificando-o em favor próprio, mas isso ocorrerá de modo pacífico e com o acordo das outras grandes potências.

Esses argumentos descrevem bem algumas das forças vigentes hoje em Pequim. A China tem sido cativada pelo crescimento econômico que resultou de sua abertura econômica. Embora o crescimento da classe média ainda seja incipiente, alguns dados indicam como o aumento da renda pode afetar as opiniões dos chineses sobre política externa.[53] Embora o país continue tendo um regime autoritário, é muito mais liberal e aberto do que era no período pré-reforma.[54] Também é verdade que a China reconhece ter bastante em jogo no sistema atual, criando mais incentivos para seu engajamento.[55] Essa explicação sugere que a política internacional é encenada na política doméstica. Acontecimentos nas relações exteriores podem afetar e modificar a sua política interna.

O problema desses argumentos pró-interdependência, assim como os dos seus oponentes que enfatizam o poder, é que eles são determinantes demais.[56] Eles pressupõem que uma vez participando do sistema internacional, é pouco provável que o país mude de rumo. Espera-se que as facções internacionalistas que lucram ou aprendem mais com a integração cresçam como uma bola de neve e terminem movendo o país ainda mais nessa direção. Entretanto, essa visão também termina caindo em armadilhas analíticas e esbarrando em anomalias históricas.

Por exemplo, quantos usuários da internet são necessários para que se tenha uma sociedade de livre expressão que prefere a democracia? De fato, aqueles que têm se beneficiado mais da abertura são membros do Partido Comunista ou estão vinculados a ele. É esse o partido que assegura a estabilidade do país, que por sua vez atrai investimentos internacionais.[57] Não é implausível supor que uma China democrática – onde tenham voz os camponeses e outros grupos hoje sem participação política – termine se tornando distintamente contrária ao tipo de integração perseguida atualmente.[58]

Além disso, a democratização pode ser um processo precário. Não é raro que países em vias de democratização inclinem-se ao conflito, uma vez que não há instituições suficientemente fortes para conter o nacionalismo nascente e as expectativas populares exageradas; assim, a interdependência econômica pode ser uma força que trabalhe contra o conflito, mas ela não é à prova de falhas. Afinal de contas, a intensa interdependência europeia desembocou na Primeira Guerra Mundial.

Tampouco a globalização – o encolhimento do globo e o aumento da densidade dos contatos internacionais devido ao avanço da tecnologia – garante a integração chinesa à sociedade internacional. A interdependência chinesa (medida pelo comércio exterior como parcela do PIB) não tem sido movida simplesmente pela marcha da tecnologia, mas por ideias sobre como lidar com o sistema internacional. Com a chegada de Mao ao poder, por exemplo, sua interdependência declinou; e quando a China começou a se recompor após a desastrosa Revolução Cultural, a interdependência começou a aumentar.[59]

Tanto o poder quanto a interdependência econômica podem favorecer estratégias de política externa específicas. Mas, mesmo quando condições de poder e interdependência permanecem razoavelmente constantes, pode haver mudanças estratégicas de fundo. Da mesma maneira, um país pode manter a mesma estratégia apesar de alteração significativa nas condições de poder e interdependência. Por quê?

A terceira engrenagem: ideias coletivas

Esta seção lida com o papel central e mal compreendido que as ideias de política externa exercem no comportamento dos países no mundo.

Intenções e ideias de política externa

Os países tendem a formular conceitos amplos – quase filosofias operacionais – que orientam seu comportamento internacional. Não se trata de construtos mentais de indivíduos, mas de crenças coletivas de sociedades e organizações a respeito de como agir. Alguns exemplos dessas crenças são:

- "não envolvimento" na política europeia (Estados Unidos, 1776-1941);
- expansão territorial no continente (Alemanha, 1890-1945);
- isolamento (Japão, 1640-1868);
- integração como uma potência normal (União Soviética / Rússia, 1986-presente).

Essas ideias estão arraigadas nas memórias coletivas, nos símbolos nacionais, procedimentos governamentais, sistemas educacionais e na retórica estatal.[60] Elas são relevantes porque funcionam como guias para a ação nacional e podem moldar objetivos ao longo do tempo. Naturalmente, os líderes planejam suas ações de modo estratégico, mas frequentemente o fazem baseados em certas ideias sobre os tipos de comportamento geral que são mais apropriados. Tais ideias podem ser contestadas por alguns grupos, mas servem como guias para a "nação" enquanto coletividade. E como apontam os teóricos organizacionais, quando grupos possuem objetivos intangíveis como "segurança" ou "riqueza", é natural que concentrem seus esforços em torno de doutrinas abstratas de ação, ao invés de metas concretas. Em outras palavras, as ideias se tornam intenções.[61] Nas relações exteriores, elas são aquilo que Ernest May chamou de ideias "axiomáticas" – formulações derivadas da história que se tornaram pressupostos aceitos para a ação política.[62]

O que a China quer?

É difícil mudar as ideias nacionais sobre a ordem internacional. Primeiramente, existem grupos e pessoas que se beneficiam delas e empregam suas energias promovendo-as e defendendo-as. Em segundo lugar, tais ideias dominantes impregnam a retórica pública, os procedimentos burocráticos e são incorporadas às tradições institucionalizadas, dando a elas resistência. Em terceiro lugar, por causa desse efeito, elas se tornam rotineiras não apenas como meios para alcançar fins específicos, mas também como uma norma daquilo que a nação *deveria* buscar ou daquilo que ela é; ou seja, sua identidade fundamental.

Por exemplo, o Japão de Tokugawa passou a ser definido por sua política de excluir estrangeiros, e seus líderes se legitimavam a partir dessa tradição. De modo semelhante, durante os seus primeiros 150 anos de independência, os Estados Unidos distinguiram-se pela recusa de "envolvimento" nos conflitos entre as potências tradicionais da Europa, e seus presidentes prestavam deferência a essa norma a fim de garantir popularidade.[63] No século XIX, diante de incursões estrangeiras, a China tentou continuar se caracterizando como o "Reino do Meio", a despeito do claro declínio de sua autoridade.

Por isso, não é de se estranhar que a continuidade seja comum no campo das ideias de política externa. Aqueles que querem desafiar a tradição enfrentam duros obstáculos. É sempre difícil saber se os outros desejam mudança e o quanto estariam dispostos a arriscar para fazê-lo. Aqueles que advogam pela mudança precisam justificar por que as antigas ideias estariam ultrapassadas e, como ameaçam a tradição, acabam se tornando um possível alvo de críticas.

Além disso, a formação e a institucionalização de novas ideias geram conflitos e incertezas porque transformam a estrutura de custos e benefícios dos vários grupos nacionais envolvidos nessas escolhas. Porém, como afirma May, conceitos enraizados de política externa podem mudar "à medida que a história muda" e os países "passam a ver o passado sob uma nova luz".[64] Aqui, as perguntas importantes são: quando e como isso pode acontecer?

A mudança não é um fenômeno imediato, mas envolve dois estágios diferentes: o colapso das antigas ideias e a consolidação das novas. Argumento que ambos os estágios são afetados por ideias preexistentes.

No estágio de *colapso*, as ideias preexistentes afetam a maneira como os líderes justificam suas políticas e estabelecem uma base de expectativas a respeito dos resultados. Os oponentes políticos dentro dos países passam então a usar esse referencial base para avaliar – e apoiar ou criticar – as políticas existentes. Quando os eventos contradizem as expectativas coletivas e as consequências são indesejáveis, a mudança é mais provável. Essas situações facilitam a mudança por darem munição aos oponentes da ortodoxia, permitindo-lhes angariar apoio, enquanto aqueles que a apoiam são postos na defensiva. Por exemplo, o isolacionismo do Império Qing foi finalmente rompido com a vitória japonesa na guerra sino-japonesa em 1895. A derrota chinesa propiciou uma corrida internacional pelo controle do país e encorajou forças internas a desafiar a tradição.[65]

Na maioria das outras circunstâncias, a continuidade é mais provável. Por exemplo, é possível esperar continuidade se os desvios das ideias existentes trazem resultados indesejados. Quando os Estados Unidos intervieram na I Guerra Mundial violaram o antigo tabu de não envolvimento na política europeia. Os resultados da guerra geraram grande desilusão nos Estados Unidos, que abraçaram novamente o ideal de não envolvimento. Em situações assim, os defensores das

O que a China quer?

antigas ideias têm condições de granjear atenção política dizendo "nós avisamos: jamais deveríamos ter nos desviado de nossa antiga e acertada tradição".

A continuidade é provável até mesmo quando as ideias dominantes são ignoradas, mas resultados desejáveis acontecem. Considere-se, por exemplo, a escassez de investigações a respeito de grandes aumentos inesperados no mercado de ações *versus* as comissões especiais que sempre se formam para examinar quebras inesperadas nas bolsas de valores. Quando os resultados são desejáveis é difícil escapar da inércia e reorientar as burocracias. A perda da legitimidade de uma ortodoxia corrente requer eventos que contradigam sua lógica e ao mesmo tempo tenham consequências indesejadas. Em tais circunstâncias, os indivíduos estão mais motivados e têm mais facilidade em desafiar tais concepções.

Entretanto, mesmo quando as ideias dominantes são deslegitimadas, a mudança não acontece de forma automática. O processo de consolidação, assim como o de colapso, deve combater a inércia. Os indivíduos podem concordar que a antiga visão precisa ser dispensada, mas ao mesmo tempo discordar sobre qual nova ortodoxia adotar. Essa dinâmica tem sido mapeada no estudo de revoluções, mas ela também está presente em disputas e debates de política externa.[66] A consolidação de uma nova abordagem de política externa depende não apenas do colapso das antigas concepções, mas também da distribuição de ideias substitutas, e especialmente da existência de uma alternativa proeminente. Quando não há alternativas, ou quando existem muitas alternativas igualmente fortes, o resultado pode ser um retorno ao antigo pensamento pela força do hábito ou pelo impasse entre facções divergentes. Por exemplo, na China de Qing no século XIX, a vontade de distanciamento da intrusiva sociedade internacional da época era algo tão predominante que praticamente não houve grupos de qualquer relevância com concepções alternativas para orientar a política externa.[67]

A sustentabilidade de uma nova ortodoxia durante um período mais longo frequentemente depende de alguma demonstração de sua eficácia. As ideias que duram o fazem por aparentar gerar resultados desejáveis. Em caso contrário, revanchistas frequentemente encontram um terreno fértil para defender o retorno às antigas concepções. Esse foi o caso na Alemanha de Weimar, quando os resultados da Paz de Versalhes minaram a política internacional liberal do incipiente governo social-democrata. Versalhes também propiciou o Movimento do Quatro de Maio na China, que ajudou a desacreditar as incipientes noções de democracia liberal.[68]

Ideias preexistentes têm um papel, mas certamente não determinam unilateralmente todos os aspectos de novas ortodoxias. Considere-se, por exemplo, o papel do poder relativo dos atores envolvidos, que frequentemente molda as respostas negativas e positivas às ideias prevalecentes. Conceitos dominantes que ignorem considerações de poder relativo podem levar a resultados decepcionantes, que contribuem para a perda da sua legitimidade. Considere-se, por exemplo, o declínio do sistema tributário e do sinocentrismo da era Qing sob o peso de capacidades superiores europeias e japonesas, que expuseram a fragilidade chinesa no fim do século XIX. Do mesmo modo, a quantidade e a natureza das ideias substitutas, tão centrais para a consolidação, são fortemente influenciadas pela atividade política e pelos recursos dos grupos de interesse e indivíduos que as promovem. A interdependência econômica e as promessas de crescimento inerentes a ela podem, de fato, fortalecer aqueles que estão a favor de tais concepções.[69] Esforços de longo prazo que encorajem o intercâmbio internacional podem facilitar o surgimento de ideias alternativas em sociedades específicas.[70] Assim, o sucesso das ideias também pode ser moldado pelo grau de envolvimento do país na economia internacional.

De modo geral, portanto, os processos de mudança (e continuidade) na política externa dependem da interação entre ideias dominantes e seus resultados, bem como da distribuição de ideias substitutas e seu sucesso inicial. Enfatizar a contingência de um fenômeno não é o mesmo que abandonar a possibilidade de explicá-lo.[71] Podemos afirmar que as intenções futuras de um país dependerão do grau em que as expectativas de ideias dominantes específicas são desafiadas pelos eventos, bem como das eventuais consequências negativas e da existência de alguma concepção alternativa socialmente aceitável.

Essa lógica geral parece ter uma ampla aplicação na história das grandes potências e vale para regimes democráticos e autoritários.[72] O que se segue abaixo é uma breve ilustração de como algumas das dinâmicas centrais capturadas por essa lógica podem se desenvolver no futuro da atual visão chinesa de "reforma e abertura".

A contingência das futuras intenções da China

A longevidade da ortodoxia integracionista chinesa dependerá das expectativas que irá gerar na arena doméstica e dos resultados da política externa, bem como da natureza das ideias que possam substituir a crença na utilidade da integração. Tratarei agora de cada um desses elementos.

Justificativas e expectativas

Os líderes chineses contemporâneos justificam e promovem a ideia dominante de integração – ou seja, de "reforma e abertura" – de duas maneiras diferentes.

A primeira e mais importante justificativa da atual política é que a integração dentro da ordem internacional existente fornece os melhores meios para o desenvolvimento econômico nacional.[73] A China continua tendo um governo regido por um partido comunista, porém a legitimidade e o apoio popular não se assentam sobre uma ideologia socialista, mas sim sobre o desempenho econômico. O *slogan* nacional não diz "trabalhadores, uni-vos", mas sim "uma sociedade próspera". O discurso do presidente Jiang Zemin de 2002 no XVI Congresso do Partido expõe essa visão claramente:

> É crucial que o Partido dê prioridade máxima ao desenvolvimento ao governar e rejuvenescer o país, abrindo novas possibilidades para o impulso modernizador (...) o progressismo do Partido é concreto e histórico, e deve ser julgado por seu sucesso na promoção do desenvolvimento das forças produtivas avançadas.[74]

A quinta plenária do XVI Congresso do Partido Comunista Chinês, em outubro de 2005, apontou o desenvolvimento como "o princípio central e a chave para a resolução de todos os problemas enfrentados pela China".[75] A predominância de uma orientação integracionista na política externa chinesa contemporânea baseia-se principalmente em considerações econômicas, uma vez que a integração, de acordo com a ortodoxia da "reforma" e da "abertura", serve ao rápido desenvolvimento da China.

A segunda justificativa principal para a integração à ordem internacional existente é que ela fortalece a soberania – entendida em termos de independência e integridade territorial. Ou seja, atribui-se à integração a capacidade de prevenir contra o tipo de subordinação colonial do passado e contra a exploração da China por potências estrangeiras. Um marco na história para a liderança do Partido Comunista é o "século de humilhação" vivido pelo país sob a influência de potências imperialistas (isto é, o Ocidente e o Japão). Uma das principais conquistas das quais o partido se gaba, e que lhe confere legitimidade, é a libertação do país da influência externa.[76] A integração facilita tal meta ao fornecer o acesso a fóruns institucionais onde são decididas políticas mundiais que podem afetar a autonomia da China. Fornece também status de grande potência, confirmando que o país não é mais simplesmente um objeto manipulado por países ocidentais mais poderosos, ou pelo Japão, mas sim um importante ator.

O marco mais concreto de soberania para a China hoje é Taiwan. A China espera que sua participação nas instituições e convenções vigentes da política mundial contribua à realização do desejo (aparentemente presente em todo o espectro político) de unir Taiwan ao continente. Essa participação também permite que o país obstrua os esforços de Taiwan em clamar para si uma voz internacional soberana e construir seu próprio apoio internacional.

Esses dois temas – modernização econômica e soberania – podem parecer intimamente ligados ao enfoque realista sobre poder e autonomia. A diferença central, no entanto, é que os líderes chineses os justificam não com base na segurança nacional, mas sim no aumento do padrão de vida de seus cidadãos. Do mesmo modo, é difícil entender a obsessão da China com Taiwan e outros territórios estritamente a partir de uma perspectiva de poder. Sem conhecer a história da China e a centralidade de Taiwan para os ganhos de legitimidade do Partido Comunista, é impossível entender o papel que essa questão pode ter na política e no processo decisório de segurança nacional.

É claro, o desenvolvimento econômico e a soberania também criam tensão entre si, um fato que muito contribui à explicação da complexidade das políticas chinesas contemporâneas.[77] Em questões de soberania, a integração pode levar a profundas alterações. Por exemplo, a participação como membro da OMC traz consigo um conjunto de importantes implicações para a ordem social e política da China, incluindo uma grande perturbação no seu enorme setor agrícola e a crescente desigualdade dentro da sua sociedade.[78]

Prevendo eventos que favorecem a mudança

A durabilidade da política externa integracionista da China, portanto, dependerá do quanto os resultados corresponderão às expectativas sociais relacionadas ao crescimento econômico e à soberania. Quaisquer retrocessos significativos em uma dessas questões, se associados ao esforço de integração, farão que o país repense essa estratégia.

A primeira situação na qual a ortodoxia integracionista poderia se tornar vulnerável envolve os problemas da modernização econômica chinesa. Dessa perspectiva (em contraste com o debate sobre a ascensão chinesa), o cenário mais provável no qual o país alteraria sua postura integracionista não é o do *aumento* do poder chinês, mas, ao invés disso, o de grandes *rupturas* nessa trajetória, que poderiam colocar a visão dominante de "abertura" na defensiva. Pode-se afirmar que o arrefecimento do crescimento econômico da China é tão provável quanto sua ascensão a uma posição de supremacia.[79] Tendo em vista as atuais expectativas chinesas, essa experiência poderia gerar um profundo desencanto se o governo do país fosse responsabilizado. Na ausência de uma maré baixa que afete a todos os países, ou de crises imprevistas, os críticos da atual ortodoxia terão incentivos para usar as hesitantes perspectivas econômicas chinesas a fim de angariarem autoridade política em torno de uma nova abordagem para o sistema internacional. O motor da mudança em um cenário assim seria a combinação entre surpreendentes reveses econômicos e expectativas otimistas geradas por líderes buscando legitimidade.

O declínio do crescimento econômico encorajaria grupos antes silenciosos a se oporem à integração. O rápido desenvolvimento da China tem gerado um dramático abismo entre ricos e pobres,[80] de forma que protestos e perturbações sociais parecem ter aumentado consistentemente nos anos recentes, de 8.700 em 1993, para 87.000 em 2005.[81] O envolvimento na OMC está gerando significativas pressões sobre os produtores rurais pobres e camponeses pouco competitivos. Enquanto a economia está em forte expansão, algumas dessas pessoas podem se transferir para outros tipos de trabalhos, ou o governo pode lhes fornecer alguma forma de subsídio.[82] No entanto, se o crescimento falhar de maneira que faça o governo aparentar cumplicidade, esse sistema pode ruir.

Em segundo lugar, eventos apoiados pela comunidade internacional que o país veja como neocoloniais, ou que colaborem para a independência de Taiwan, poderiam ajudar a minar a atual ortodoxia integracionista. Por exemplo, o bombardeio em 1999 da embaixada chinesa em Belgrado alimentou o nacionalismo e fortaleceu os opositores da abertura.[83] É claro, muito dependerá de circunstâncias específicas e da atribuição de responsabilidade ao governo central. Os esforços taiwaneses em estabelecer independência formal causam uma profunda preocupação no país – do tipo que pode provocar reações agressivas sobre um tema visto como prioridade até mesmo pelos governos mais "reformistas". Os esforços taiwaneses pró-independência, em 2004/2005, foram respondidos com uma forte (e contraproducente) reação por Hu Jintao e pelo Congresso Nacional do Povo, que aprovaram uma legislação antissecessão autorizando a China a se valer da força contra Taiwan caso a ilha continuasse seu movimento rumo à independência.[84]

Substitutos para "reforma e abertura"

E se a reforma e a abertura falharem? Presumidamente, seguir-se-á algum tipo de caminho alternativo. Prever qual será esse caminho, no entanto, depende de um elemento-chave que é particularmente incerto no caso chinês: a natureza e a distribuição de ideias alternativas a respeito da sociedade internacional.[85] Minha visão, admitidamente opaca, é capaz de discernir os contornos de três alternativas possíveis.[86]

A primeira foi identificada por Jiang Zemin como um desafio à própria ênfase dada a "reforma e abertura", nos anos após o fiasco da Praça da Paz Celestial em 1989.[87] Jiang a rotulou como a ameaça da "direita". Para o governo, o perigo da direita envolveria aqueles que tentem buscar a liberalização econômica e política em um ritmo ainda mais rápido à custa do partido e da estabilidade social. Nos anos recentes, o Partido Comunista Chinês tem enfocado esse desafio em particular e tem envidado grandes esforços para cooptar homens de negócio bem-sucedidos para o partido, acolhendo o retorno de chineses expatriados que poderiam, em caso contrário, favorecer uma mudança política mais veloz. Pensemos aqui naqueles que mais se beneficiaram da rápida integração e agora se encontram em apertos sob as restrições do Partido Comunista. Ou naqueles que acreditam que a China deve

O que a China quer?

levar as reformas à próxima etapa (por exemplo, estado de direito, educação) em um ritmo mais rápido – isto é, os novos homens de negócios privados ou executivos de empresas estatais, artistas ou intelectuais, regiões de cidades costeiras e seus representantes políticos; até mesmo partes da burocracia que tenham interesse na integração.

Jiang identificou também um segundo grupo com preferências alternativas à sua política externa. A este, referiu-se como "pessoas com tendências esquerdistas" (distintas da antiga visão marxista) que criticam a reforma e o envolvimento internacional por contribuírem para a injustiça social e para a desigualdade. No atual contexto, o grupo pode ser constituído por fazendeiros, camponeses, cidades interioranas e setores das Forças Armadas ou do partido que não receberam uma parcela igual do desenvolvimento da China e poderiam, corretamente, culpar a reforma e a abertura, ou a participação na ordem mundial (por exemplo, na OMC) por isso. Em termos de política externa, tais tendências se convertem em apoio social à suspensão e reversão da integração chinesa à ordem vigente. Se a declaração da Quinta Plenária do XVI Congresso do Partido, em outubro de 2005, for tomada como um indicador, o desafio da esquerda – e a desigualdade do crescimento – é particularmente preocupante à liderança de Hu Jintao, que vem enfatizando uma meta mais igualitária de "sociedade harmoniosa", em contraste com o *slogan* da "sociedade próspera" de Jiang.[88]

Um terceiro posicionamento poderia advir daqueles que criticam a globalização e os valores ocidentais, mas não são necessariamente isolacionistas ou anticapitalistas. Esses indivíduos poderiam defender uma atitude mais centrada em cálculos de poder e no interesse nacional – a tradicional *realpolitik* – que favoreça uma estratégia de maior confrontação contra o ocidente, de estabilidade e autoridade central em casa, enquanto busca uma conduta mais suave e integradora na Ásia. Essa poderia, talvez, ser a plataforma para o ressurgimento de um papel de "Reino do Meio", no qual a China exerceria uma crescente hegemonia dentro da Ásia, enquanto se distanciaria da ordem internacional em geral.[89]

Na ausência de melhores informações, pode parecer que os defensores de uma retirada – seja a nova esquerda ou entre os que pregam a *realpolitik* – teriam condições retoricamente privilegiadas caso os futuros eventos desafiem as justificativas da "abertura" pelo governo chinês, com resultados negativos notadamente claros. Ambos os raciocínios são amplamente divergentes das atuais ideias dominantes de integração (os direitistas querem ainda mais integração) e poderiam se aproveitar da linguagem do nacionalismo para defender a sua causa.[90] É claro, a estratégia chinesa será sempre uma mistura dessas diferentes abordagens; a questão em tela é a direção da mudança e em qual medida uma orientação predomina sobre as demais.

Se for exagero ler a política chinesa em termos de facções (por exemplo, caso a dinâmica decisória seja na realidade pautada no consenso, e não em grupos lutando pelo controle), então qualquer mudança no pensamento de política externa demandará resultados particularmente negativos e poderá levar um tempo considerável, exatamente como ocorreu na era Qing.[91] Se persistir a noção de que "o isolamento é o principal fator que explica o declínio chinês" e de que "a abertura alimentou a ascensão da China", a abordagem de reforma e abertura não mudará rapidamente.[92] Ainda que não seja tão dominante quanto a mentalidade isolacionista da China de Qing, a ideia de integração goza hoje de um status privilegiado contra o qual os propositores de projetos alternativos podem enfrentar muitas dificuldades para avançar.

Influenciando intenções

Se o argumento desenvolvido até agora estiver correto, ele implica que compreender o futuro de uma "China em ascensão" significa olhar além das questões do poder e da interdependência, sem, no entanto, prescindir de ambas. A posição da China na hierarquia do poder moldou, no passado, o pensamento chinês em relação às regras e normas dominantes do sistema internacional. O penetrante alcance geopolítico do Ocidente foi um dos principais incentivos da China dos Qing para mudar seu antigo sistema tributário e seu sinocentrismo. Do mesmo modo, a abordagem da interdependência corretamente enfatiza como a abertura do país e o crescimento do comércio e dos contatos internacionais têm ajudado a desenvolver grupos de interesse e forças liberais na China, que de outro modo poderiam não existir. Mas essas duas constantes forças estruturais não explicam a variação das ideias chinesas sobre como se relacionar com a sociedade internacional ao longo do tempo. Para isso, devemos estar atentos às formas contingentes de interação entre as concepções de política externa, os eventos e as ideias alternativas em gestação no país.

A implicação prática desse argumento é a advertência contra a escolha exclusiva de uma entre as três principais alternativas no atual debate político dos Estados Unidos: engajamento, contenção ou *hedging* contra a ascensão da China. Qualquer uma delas pode ser apropriada, dependendo da política específica conduzida pela China, e das ideias que motivem tais ações. Se os líderes em Pequim tentarem construir sua autoridade e legitimar seu domínio com base em ações que desafiem a ordem internacional, outros países devem erguer objeções ou penalizar tais ações. Por exemplo, as políticas dos Estados Unidos em relação à União Soviética – em particular, o aumento das capacidades de defesa pelos presidentes Carter e Reagan, a resposta à instalação dos novos euromísseis soviéticos SS-20 e o apoio aos mujahidin seguindo-se à invasão soviética do Afeganistão – ajudaram a deslegitimar a imagem sustentada por Brezhnev de uma "correlação de forças" na qual o exercício do poder soviético servia aos interesses da URSS. A estratégia de contenção constituía não apenas em contrabalançar a URSS em termos de poder, mas também um esforço de minar certas ideias; e o mesmo deve ser feito no caso chinês.

O ponto aqui não é defender o que vem se consolidando como sabedoria popular em lidar com as desconhecidas intenções futuras da China – isto é, uma estratégia de *hedging*. Tal abordagem sugere que os outros países se preparem para qualquer eventualidade e respondam à altura. No entanto, tal curso de ação incorreria em dois problemas: seria excessivamente passivo em sua mera reatividade ao que ocorre na China; e, mais importante, focalizar-se-ia demais no comportamento chinês, ignorando as ideias por trás da ação, e a forma como elas se relacionam com a política de autoridade no país. Meras reações ao comportamento chinês podem vir a fortalecer desnecessariamente as forças revisionistas em Pequim.

Se a meta é incorporar a China ao sistema internacional de uma maneira que faça o sistema operar de forma aceitável para todos, é importante fortalecer os líderes e movimentos chineses que se legitimam endossando os aspectos positivos da integração. Uma repetição moderna do dano causado aos defensores da liberalização – tal como ocorreu quando o Tratado de Versalhes produziu o Movimento do Quatro de Maio e uma China reacionária – seria um desastre. Isso pode significar a necessidade de esforço extra para garantir recompensas à China por atitudes integracionistas particularmente arrojadas – ou atitudes mais moderadas em relação a Taiwan. Tampouco se trata simplesmente de impedir a linha-dura e ajudar os moderados. Ambos podem ser desejáveis, dependendo das ideias e das expectativas que esses atores venham a promover.

Existe, é claro, um risco em apoiar o desenvolvimento chinês por meio da integração. Isso pode resultar – por meio de eventos imprevistos, maus cálculos ou apoio inadequado – em uma China forte o suficiente a ponto de ser perigosa, mas que não tenha mudado o suficiente internamente a ponto de se satisfazer com as normas do sistema.[93] Em tais circunstâncias, nas quais as concepções integracionistas perderiam força, o país poderia visar a um conjunto de ideias muito menos agradáveis para orientar sua política externa.

Para lidar com esse cenário, portanto, faz sentido ser proativo: prestar atenção nas potenciais ideias substitutas circulando na China e nos seus defensores – atores que podem vir a se tornar, um dia, formadores de opinião. Por exemplo, é importante realizar esforços de longo prazo para fortalecer os grupos e indivíduos chineses que apoiariam, no caso de reveses significativos na reforma e na abertura, ideias substitutas mais desejáveis do que uma política externa agressiva, nacionalista e separatista. Existem precedentes históricos de uma influência transformadora nesses moldes. Os esforços feitos por diversos grupos nos Estados Unidos (e na Grã-Bretanha) após a I Guerra Mundial tiveram muito a ver com o porquê do internacionalismo (uma fusão de geopolítica e wilsonianismo) se tornar uma alternativa coerente ao isolacionismo na estratégia norte-americana após a II Guerra Mundial.[94] Da mesma forma, durante a Guerra Fria, a interação dos Estados Unidos e da Europa ocidental com a União Soviética, ainda mais autoritária e fechada do que a China contemporânea, ajudou a estabelecer o *New Thinking** (e não qualquer outra ideia) como alternativa viável, quando o antigo dogma da política externa soviética se desintegrou.[95]

Como notado anteriormente, são muitos os limites da influência estrangeira sobre um país grande e complexo como a China, especialmente em meio ao desejo popular chinês por autonomia e o desdém por interferência estrangeira. Além disso, o autoritarismo e a falta de transparência limitam a capacidade de acompanhar de perto e moldar os desenvolvimentos no país. Ainda assim, como se viu ao longo da história, a influência externa desempenhou, ocasionalmente, papel importante na evolução da abordagem chinesa em relação à sociedade internacional – das Guerras do Ópio ao Movimento do Quatro de Maio, e do começo da Guerra Fria à atual fase de integração. No centro dessa história – e do futuro da China – estão não apenas os perigos do poder ou as promessas da interdependência, mas também as maneiras como ambos os fatores se relacionam àquilo que a China pensa a respeito do mundo.

---

* N. do E.: *New Thinking*, ou Novo Pensamento, foi o rótulo dado por Mikhail Gorbachev às novas diretrizes que orientariam a política externa soviética em sua tentativa de reforma e aproximação com o Ocidente.

Notas

Capítulo 1 — O poder chinês e a ideia de um país responsável

[1] As leituras relevantes para essas posições polares incluem MUNRO, Ross; BERNSTEIN, Richard. The coming conflict with China, *Foreign Affairs*, v. 76, n. 2, Mar., 1997; ROSS, Robert S. Beijing as a conservative power, *Foreign Affairs*, v. 76, n. 2 , Mar. 1997; SHAMBAUGH, David. Containment or engagement of China?, *International Security*, v. 21, n. 2, Fall 1996; SHINN, James (Ed.). *Weaving the net:* conditional engagement with China. New York: Council on Foreign Relations Press, 1996; HARRIS, Stuart, KLINTWORTH Gary (Eds.). *China as a great power*: myths, realities and challenges in the Asia-Pacific Region. New York: St. Martin's Press, 1995. Para uma importante reação na região do Leste Asiático, veja ALMONTE, Jose T. Ensuring security the Asean way, *Survival*, v. 39, n. 4, Winter 1997/98, que escreveu (p. 83): "o maior problema do Leste Asiático é como incorporar a China em seus arranjos regionais – como 'socializar' o país, reduzindo o elemento de ameaça e, ao mesmo tempo, acentuando os elementos positivos nos seus relacionamentos regionais".

[2] BULL, Hedley. *The anarchical society*: a study of order in world politics. London: Macmillan, 1977.

[3] Para uma valiosa discussão da obra de Hedley Bull e sua explicação das concepções pluralista e solidarista de sociedade internacional, ver ALDERSON, Kai; HURRELL, Andrew (Eds.). *Hedley Bull on international society*. Basingstoke: Macmillan, 2000. Ver especialmente o cap. 1.

[4] Ver GONG, Gerrit W. *The standard of "civilisation" in international society*. Oxford: Clarendon Press, 1984a, e China's entry into international society, in: BULL, Hedley; WATSON, Adam (Eds.). *The expansion of international society*. Oxford: Clarendon Press, 1984b; e YONGJIN, Zhang. *China in the international system, 1918-20*: the middle kingdom at the periphery. Basingstoke: Macmillan, 1991.

[5] CHEN, Jian. *China's road to the Korean War*: the making of the Sino-American confrontation. New York: Columbia University Press, 1994. Especialmente cap. 2 e p. 59.

118 FGV de Bolso

[6] CHEN, 1994, especialmente p. 10 e p. 73-75; CHEN, Jian. The Cold War in Asia, *Cold War International History Project Bulletin*, Issues 6-7 (Winter 1995/96). Washington, DC: Wilson Center, 1995-1996; QIANG, Zhai. *China and the Vietnam Wars 1950-1975*. Chapel Hill: University of North Carolina Press, 2000; e, de maneira mais geral, ARMSTRONG, J. David. *Revolution and world order*: the revolutionary state in international society. Oxford: Clarendon Press, 1993.

[7] CHAN, Steve. Chinese perspectives on world order. In: PAUL, T. V.; HALL, John A. (Eds.). *International order and the future of world politics*. Cambridge: Cambridge University Press, 1999. p. 203.

[8] NATIONAL INTELIGENCE ESTIMATE. Chinese Communist Capabilities and Probable Courses of Action Through 1960, 5 January, 1956. In: *Foreign Relations of the United States*, 1955-57. Washington, DC: Government Printing Office, 1986. p. 230-255; e NATIONAL INTELIGENCE ESTIMATE. Communist China Through 1961, 19 March 1957. In: *Foreign Relations of the United States*, 1955-57. Washington, DC: Government Printing Office, 1986. p. 497-510.

[9] Como afirmou um estudo da equipe do Conselho de Segurança Nacional dos Estados Unidos datado de 6 de novembro de 1953, "A realização do regime comunista chinês na Coreia tem sido uma derrota militar de grandes proporções, capaz de instruir quanto à extensão das capacidades militares chinesas. Com assistência russa, os comunistas chineses foram capazes de organizar, treinar, equipar, suprir e comprometer pesadas forças de terra na península da Coreia. Essas forças lutaram com coragem, agressividade e com um número notavelmente pequeno de deserções". US DEPARTMENT OF STATE, 1985, p. 289-290. A referência à "onda do futuro" foi retirada de uma declaração privada do Secretário de Estado dos EUA, John Foster Dulles, ao noticiário da imprensa em 18 de fevereiro de 1957. Ver: US DEPARTMENT OF STATE. *Foreign relations of the United States 1955-1957*. v. 3. Washington, DC: Government Printing Office, 1986, p. 482.

[10] Apud US Department of State, 1986, p. 251.

[11] Ver VAN NESS, Peter. *Revolution and Chinese foreign policy*: peking's support for Wars of National Liberation. Berkeley: University of California Press, 1970. p. 201.

[12] KIM, Samuel S. Thinking globally in post-Mao China. *Journal of Peace Research*, v. 27, n. 2, p. 193, 1990; e *Beijing Review*, v. 10, n. 5, Mar. 1965.

[13] As críticas diretas e abertas da China à União Soviética surgiram na esteira da assinatura por Moscou do Tratado sobre Proibição Parcial de Testes Nucleares (PTBT, na sigla em inglês) em 1963.

[14] Como indicou um editorial da *Renmin Ribao* após a participação chinesa na Conferência de Genebra sobre Coreia e Indochina: "Pela primeira vez, na condição de uma das Grandes Potências, a República Popular da China se uniu às outras grandes potências em negociações a respeito de problemas internacionais vitais e deu uma contribuição própria que foi aclamada por grandes setores da opinião mundial. O *status* internacional da República Popular da China como uma das grandes potências ganhou reconhecimento universal". Citado por YAHUDA, Michael B. *Towards the end of isolationism*: China's foreign policy after Mao. London: Macmillan, 1983. p. 100.

[15] Van Ness, 1970:189.

[16] Esses termos foram introduzidos pela primeira vez por Samuel S. Kim. Para um exemplo do uso desses termos, ver: KIM, Samuel S. China's International Organizational Behaviour. In:

ROBINSON, Thomas W.; David Shambaugh (Eds.). *Chinese foreign policy*: theory and practice. Oxford: Clarendon Press, 1994.

[17] Para uma discussão dessa passividade, ver KIM, Samuel S. *China, the United Nations and world order*. Princeton: Princeton University Press, 1979.

[18] WHITE, Gordon. *Riding the tiger*: the politics of economic reform in post-Mao China. London: Macmillan, 1993. p. 3.

[19] Usando a formulação de Stephen Krasner (1983:2), esses regimes são normalmente definidos como "conjuntos de princípios, normas, regras e procedimentos decisórios implícitos ou explícitos, em torno dos quais convergem as expectativas dos atores em uma dada área das relações internacionais". Para mais a respeito dessa ideia da boa reputação, ver CHAYES, Abram; CHAYES, Antonia. *The new sovereignty*: compliance with International Regulatory Agreements. Cambridge: Harvard University Press, 1995. p. 27; e FRANCK, Thomas M. *The power of legitimacy among nations*. New York: Oxford University Press, 1990. p. 190.

[20] DONNELLY, Jack. Human rights: a new standard of civilization? *International Affairs*, v. 74, n. 1, Jan. 1998. Ver especialmente p. 18-21.

[21] Shevardnadze, citado no discurso de abertura de Lord Howe em um seminário da Anistia Internacional, em Londres, sobre os direitos humanos na China, em 9 de setembro de 1996. A informação a respeito da Hungria vem de MCGOLDRICK, Dominic. *The Human Rights Committee*: its role in the development of the international covenant on civil and politics rights. Oxford: Clarendon Paperbacks, 1994. p. 17-18.

[22] WORLD BANK. *The World Bank's experience*. Washington: World Bank, 1994.

[23] Apud FRANCK, Thomas M. *Fairness in international law and institutions*. Oxford: Clarendon Press, 1995. p. 113.

[24] FRANCK, 1995, especialmente p. 117-118.

[25] Ver: CLARK, Ann Marie. Non-governmental organizations and their influence on international society. *Journal of International Affairs*, v. 48, n. 2, Winter 1995b.

[26] KECK, Margaret E.; SIKKINK, Kathryn. *Activists beyond borders*: advocacy networks in international politics. Ithaca: Cornell University Press, 1998. p. 10-11.

[27] CLARK, Ann Marie. *Strong principles, strengthening practices*: Amnesty International and three cases of change in International Human Rights Standards. PhD Thesis, University of Minnesota, 1995a. p. 8.

28 BUZAN, Barry. International society and international security. In: FAWN, Rick; JEREMY Larkins (Eds.). *International society after the Cold War*. Basingstoke: Macmillan, 1996. p. 262.

[29] REISMAN, W. Michael. The United States and international institutions. *Survival*, v. 41, n. 4, p. 63, 1999-2000. Reisman também aponta para outros fatores que complicam o papel dos Estados Unidos em instituições multilaterais e contribuem para o seu comportamento inconsistente: o seu "papel profético e reformista", seu "papel infraorganizacional" e o seu "papel reativo à pressão doméstica".

[30] Discurso do presidente Clinton sobre política externa dos Estados Unidos, apresentado no Hotel Mayflower, Washington, DC, sob os auspícios do US Institute of Peace, 7 de abril de

1999, publicado como Napsnet 1999. É claro, o presidente Clinton fez essas observações, em parte, com a esperança de gerar uma atmosfera positiva dentro dos Estados Unidos e entre ele mesmo e o Premiê Zhu às vésperas da visita deste último.

[31] SWAINE, Michael D.; JOHNSTON, Alastair Iain. China and Arms Control Institutions. In: ECONOMY, Elizabeth; OKSENBERG, Michel (Eds.). *China Joins the world*: progress and prospects. New York: Council on Foreign Relations Press, 1999. p. 100-101, 108; e JOHNSTON, Alastair Iain; EVANS, Paul. China's Engagement with multilateral security institutions. In: JOHNSTON, Alastair Iain; ROSS, Robert S. (Eds.). *Engaging China*: the management of an emerging power. London: Routledge, 1999. p. 251.

[32] Kim, 1994:421.

[33] PEARSON, Margaret M. China's integration into the international trade and investment regime. In: ECONOMY, Elizabeth; OKSENBERG, Michel (Eds.). *China joins the world*: progress and prospects. New York: Council on Foreign Relations Press, 1999. p. 191.

[34] Ross, 1999:298, 300.

[35] JOHNSTON e Evans, 1999:247-251.

[36] A China votou em 91,5% das 625 resoluções aprovadas nesse período. Para mais detalhes, ver MORPHET, Sally. China as a permanent member of the security council, October 1971-December 1999. *Security Dialogue*, v. 31, n. 2, 2000. Ver especialmente a tabela 2, p. 154, e p. 160. Isso se compara com um nível de 42% entre novembro de 1971 e dezembro de 1981, de 66,7% entre 1982 e 1986, e de 86% entre 1986 e julho de 1990. A respeito das resoluções do Capítulo VII, é útil lembrar que o período entre 1990 e 1999 incluiu a Guerra do Golfo, as guerras na antiga Iugoslávia, Somália, Libéria, Ruanda, Timor Leste e assim por diante (cerca de 174 resoluções ligadas ao Capítulo VII, no total).

[37] Para uma exposição mais completa desse argumento, ver FOOT, Rosemary. *Rights beyond borders*: The Global Community and the Struggle over Human Rights in China. Oxford: Oxford University Press, 2000.

[38] A influência das normas na socialização dos Estados e na indução da aquiescência a regimes internacionais é discutida em trabalhos como Chayes e Chayes, 1995; FINNEMORE, Martha. Constructing Norms of Humanitarian Intervention. In: KATZENSTEIN, Peter (Ed.). *The culture of national security*: norms and identity in world politics. New York: Columbia University Press, 1996; Franck, 1990; KLOTZ, Audie. *Norms in international relations*: the struggle against apartheid. Ithaca: Cornell University Press, 1995; e KOH, Harold Hongju. Why do Nations Obey International Law? *Yale Law Journal*, v. 106, 1997. A ideia de "espelhamento" do comportamento dos outros como um resultado da interação social é discutida em WENDT, Alexander. Anarchy is what states make of it: the social construction of power politics. *International Organization*, v. 48, n. 2, Spring 1992.

[39] Johnston e Evans 1999:253.

[40] Até agosto de 2000, a China ainda não havia ratificado os dois principais protocolos internacionais de direitos humanos e, portanto, em sentido estritamente jurídico, nenhum dos dois estava ainda em vigor no país.

[41] Em março de 1999, a Constituição chinesa foi revisada para incluir as seguintes palavras: "A República Popular da China será governada de acordo com a lei e se construirá como um país

O que a China quer?

socialista baseado no estado de direito". Ver BBC MONITORING REPORTS, 1999, *Summary of World Broadcasts* (SWB), *Asia-Pacific*, FE/3486 G/9-10, 18 mar. 1999.

[42] Li Peng on press freedom, legislation and political parties. *Beijing Review*, v. 4, n. 10, p. 35-42, Jan. 1999.

[43] As reações chinesas podem ser encontradas no jornal *Renmin Ribao*, 14 maio 1999 (excertos em BBC Monitoring Reports, 1999, *Summary of World Broadcasts* (SWB), *Asia-Pacific*, FE/3512, G/6, 19 abr. 1999, BBC Monitoring Reports, 1999, *Summary of World Broadcasts* (SWB), *Asia-Pacific*, FE/3525, G/l, 4 maio 1999, BBC Monitoring Reports, 1999, *Summary of World Broadcasts* (SWB), *Asia-Pacific*, FE/3535, G7-8, 15 maio 1999; e em Nações Unidas A/54/PV.8. Registro oficial da quinquagésima quarta sessão da Assembleia Geral, oitava sessão plenária, 22 de setembro de 1999.

[44] Com a proximidade do décimo aniversário do massacre em Tiananmen, Bao Tong – antigo assistente de Zhao Ziyang, o secretário do partido chinês deposto – demandou seu direito constitucional à livre expressão e os benefícios positivos que teriam advindo das mudanças anteriores na ortodoxia política: "Quem disse que visões divergentes não têm utilidade? Cada pequeno progresso feito pela China desde o Movimento de Tiananmen, em 5 de abril de 1976, e a terceira sessão plenária do XI Comitê Central do Partido em 1978... são todos atribuídos aos esforços comuns do povo chinês pela retificação e pela superação dos erros cometidos por Mao Tse-Tung". BBC MONITORING REPORTS, 1999, *Summary of World Broadcasts* (SWB), *Asia-Pacific*, FE/3525, G/6-7, 4 maio 1999.

Capítulo 2 — Entendendo a ascensão chinesa

[1] SHAMBAUGH, David. Return to the Middle Kingdom: China and Asia in the early twenty-first century. In: SHAMBAUGH D. (Ed.). *Power shift*: China and Asia's new dynamics. Berkeley: University of California Press, 2005. p. 24.

[2] Sobre o envolvimento da China com o regionalismo asiático, ver BRESLIN, Shaun. Comparative theory, China and the future of East Asian regionalism(s). *Review of International Studies* (no prelo).

[3] Ver ROSS, Robert. The geography of the peace: East Asia in the twenty-first century. *International Security*, v. 4, n. 23, p. 93, 1999; CHAMBERS, Michael. Framing the problem: China's threat environment. *Asia Policy*, 4 July, 2007.

[4] Este é um tema comum na literatura de segurança sobre as relações regionais da China. Ver, por exemplo, YAHUDA, Michael. Chinese dilemmas in thinking about regional security architecture. *Pacific Review*, v. 2, n. 16, p. 189-206, 2003; SUTTER, Robert. Asia in the balance: America and China's peaceful rise. *Current History*, v. 103, n. 674, p. 284-290, 2004; GOLDSTEIN, Avery. *Rising to the challenge*: China's grand strategy and international security. Stanford: Stanford University Press, 2005.

[5] Ver CHRISTENSEN, Thomas. Fostering stability or creating a monster? The rise of China and US policy toward East Asia. *International Security*, v. 1, n. 31, p. 81-126, 2006.

[6] Frequentemente referida como "política periférica" na China – uma política voltada para as áreas periféricas da China – ou *zhoubian zhengce*.

[7] SHAMBAUGH, David. China engages Asia: reshaping the regional order. *International Security*, v. 3, n. 29, p. 64-99, 2004/2005.

[8] SUISHENG, Zhao. *Chinese foreign policy*: pragmatism and strategic behavior. Armonk: M. E. Sharpe, 2004.

[9] Ver Sutter, 2004; Christensen, 2006; MEDEIROS, Evan. Strategic hedging and the future of Asia-Pacific stability. *Washington Quarterly*, v. 1, n. 29, p. 145-167, 2005/2006.

[10] YUNLING, Zhang; SHIPING, Tang. China's regional strategy. In: SHAMBAUGH, D. 2005. p. 51.

[11] ROSS, Robert. Balance of power politics and the rise of China: accommodation and balancing in East Asia. In: KELLER, W.; RAWSKI, T. (Eds.). *China's rise and the balance of influence in Asia*. Pittsburgh: Pittsburgh University Press, 2007. p. 131.

[12] Ver: FROST, Ellen. China's commercial diplomacy in Asia: promise or threat? In: KELLER; Rawski, 2007. p. 95-117; HOADLEY, Stephen; YANG, Jian. China's cross-regional FTA initiatives: towards comprehensive national power. *Pacific Affairs*, v. 2, n. 80, p. 327-348, 2007; CHENG-CHWEE, Kuik. Multilateralism in China's Asean policy: its evolution, characteristics, and aspiration. *Contemporary Southeast Asia*, v. 1, n. 27, p. 102-122, 2005.

[13] Para exemplos representativos dessa abordagem, ver FEWSMITH, Joseph. China in 1998: tacking to stay the course. *Asian Survey*, v. 1, n. 39, p. 99-113, 1999; DAOJIONG, Zha. Chinese considerations of economic security. *Journal of Chinese Political Science*, v. 1, n. 5, p. 69-87, 1999; ZHENGYI, Wang. Conceptualizing economic security and governance: China confronts globalization. *Pacific Review*, v. 4, n. 17, p. 523-524, 2004.

[14] Exemplos incluem LI, Fang. "Yao Zhengshi Yanjiu shijie jingji quanqiuhua taojian xia guoji zhengzhi jingji guanxi de xin tedian" [Pay attention to the new characteristics of international political economy relations in researching world economic globalization]. *Dangdai Shijie*, Contemporary World, p. 7-10, n. 2, 2000; YIZHOU, Wang. *Quanqiu Zhengzhi he Zhongguo Waijiao: Tanxun Xinde Shijiao yu Jieshi* [Global politics and Chinese diplomacy: exploring new viewpoints and explanations]. Beijing: World Knowledge Press, 2003.

[15] Zhao, 2004, p. 259.

[16] SHIRK, Susan. *China*: fragile superpower. New York: Oxford University Press, 2007. p. 53.

[17] Shirk, 2007, p. 105.

[18] MEDEIROS, Evan; FRAVEL, Taylor. China's new diplomacy. *Foreign Affairs*, n. 82, v. 6, p. 22-35, 2003.

[19] Zhang; Tang, in Shambaugh, 2005, p. 59.

[20] Shirk, 2007, p. 11.

[21] Zhang; Tang, in Shambaugh, 2005, p. 52.

[22] GILL, Bates; YANZHONG, Huang. Sources and limits of Chinese "soft power". *Survival*, n. 48, v. 2, p. 24, 2006.

[23] ZOELLICK, Robert. *Whither China*: from membership to responsibility, remarks to National Committee on US–China Relations. New York, 21 Sept. 2005. Disponível em: <www.cfr.org/publication/8916/whither_china.html>. Acesso em: 13 maio 2008.

[24] PERCIVAL, Bronson. *The dragon looks south*: China and Southeast Asia in the new century. Westport: Praeger, 2007.

[25] YIWEI, Wang. Public diplomacy and the rise of Chinese soft power. *Annals of the American Academy of Political and Social Science*, v. 1, n. 616, p. 257-273, 2008; SUN, Henry. International political marketing: a case study of its application in China. *Journal of Public Affairs*, n. 7, v. 4, p. 331-340, 2007; RAMO, Joshua. *Brand China*. London: Foreign Policy Centre, 2007. p. 27.

[26] KURLANTZICK, Joshua. *Charm offensive*: how China's soft power is transforming the world. New Haven: Yale University Press, 2007.

[27] O próprio fórum de Bo'ao se tornou uma agência de promoção da imagem do poder chinês, agindo como uma forma de promover os interesses e ideias chinesas.

[28] SUETTINGER, Robert. The rise and descent of "peaceful rise". *China Leadership Monitor*, n. 12, 2004.

[29] Shambaugh, 2005.

[30] DING, Sheng; SAUNDERS, Robert. Talking up China: an analysis of China's rising cultural power and global promotion of the Chinese language. *East Asia, an International Journal*, v. 2, n. 23, p. 3-33, 2006.

[31] MINGJIANG, Li. China debates soft power. *Chinese Journal of International Politics*, v. 2, n. 2, p. 292, 2008.

[32] WHITNEY, Christopher; SHAMBAUGH, David. *Soft power in Asia*: results of a 2008 multinational survey of public opinion. Chicago: Chicago Council on Global Affairs, 2008. p. 5.

[33] DING, Sheng. *The dragon's hidden wings*: how China rises with its soft power. Lanham: Lexington, 2008. p. 195-197.

[34] DIRLIK, Arif. Confucius in the borderlands: global capitalism and the reinvention of Confucianism. *Boundary*, v. 22, n. 3, p. 263-264, 1995.

[35] COHEN, Warren. China's rise in historical perspective. *Journal of Strategic Studies*, v. 4-5, n. 30, p. 683-704, 2007.

[36] YOSHIHARA, Toshi; HOLMES, James. China's energy-driven "soft power". *Orbis*, v. 1, n. 52, p. 123-137, 2008.

[37] HONGYING, Wang; LU, Yeh-Chung. The conception of soft power and its policy implications: a comparative study of China and Taiwan. *Journal of Contemporary China*, v. 56, n. 17, p. 470, 2008.

[38] Para um panorama da evolução das normas chinesas, ver THOMAS, Nicholas. China's regional governance: developing norms and institutions. In: THOMAS, N. (Ed.). *Governance and regionalism in Asia*. London: Routledge/Curzon, 2009. p. 116-145.

[39] Ver YANG, Gong (Ed.). *Sichao*: Zhongguo Xinzuopai ji qi Yingxiang [Ideological trends: China's New Left and their influence]. Beijing: China Social Science Press, 2003.

[40] A maior parte desses acadêmicos se definiriam como especialistas em estudos de literatura/cultura e não economistas políticos. Chen Xiaoming, Zhang Yiwu, Liu Kang, Wang Hui, Wang Ning and Cui Zhiyuan são talvez os mais conhecidos (no Ocidente, ao menos).

[41] JIAN, Guo. Politics of othering and postmodernisation of the Cultural Revolution. *Postcolonial Studies*, v. 2, n. 2, p. 214, 1999.

[42] DING, Sheng. To build a "harmonious world": China's soft power wielding in the global South. *Journal of Chinese Political Science*, v. 2, n. 13, p. 197, 2008.

[43] GILL, Bates. *Rising star*: China's new security diplomacy. Washington: Brookings Institution Press, 2007. p. 2.

[44] PEMPEL, T. J. How Bush bungled Asia: militarism, economic indifference and unilateralism have weakened the United States across Asia. *Pacific Review*, v. 5, n. 21, p. 547-581, 2008.

[45] LAMPTON, David. *The three faces of Chinese power*: might, money and minds. Berkeley: California University Press, 2008. p. 117.

[46] KANG, David. *China rising*: peace, power and order in East Asia. New York: Columbia University Press, 2007.

[47] PEERENBOOM, Randall. *China modernizes*: threat to the West or model for the rest? Oxford: Oxford University Press, 2007. p. 26-81.

[48] RAMO, Joshua. *The Beijing Consensus*: notes on the new physics of Chinese power. London: Foreign Policy Centre, 2004; NAM CHO, Young; JEONG, Jong Ho. China's soft power: discussions, resources, and prospects. *Asian Survey*, v. 48, n. 3, p. 264, 2008.

[49] LI, Shen; QUNYING, Bai. Jiedu Zhongguo jingji moshi [Analysis of China's economic model], *Guangming Ribao*, 15 May 2006.

[50] WEI, Pan. The Chinese model of development. Presentation at Foreign Policy Centre, 11 Oct. 2007. Disponível em: <http://fpc.org.uk/fsblob/888.pdf p.2>. Acesso em: 30 jan. 2009. Ênfase do autor.

[51] KURLANTZICK, Joshua. China's charm: implications of Chinese soft power. *Carnegie Endowment Policy Brief*, n. 47, p. 5, June 2006.

[52] YANZHONG, Huang; DING, Sheng. Dragon's underbelly: an analysis of China's soft power. *East Asia: An International Journal*, v. 23, n. 4, p. 24, 2006.

[53] Whitney; Shambaugh, 2008, p. 5.

[54] SUTTER, Robert. *China's rise in Asia*: promises and perils. Lanham: Rowman & Littlefield, 2005; Kang, 2007; Shambaugh, 2005; Keller; Rawski, 2007; FRIEDBERG, Aaron. Ripe for rivalry: prospects for peace in a multipolar Asia. *International Security*, v. 18, n. 3, p. 5-33, 1993/1994; ROY, Denny. Hegemon on the horizon: China's threat to East Asian security. *International Security*, v. 19, n.1, p. 149-168, 1994; Ross, 1999; JOHNSTON, Alistair. Is China a status quo power? *International Security*, v. 4, n. 27, p. 5-56, 2003; KANG, David. Getting Asia wrong: the need for new analytical frameworks. *International Security*, v. 4, n. 27, p. 57-85, 2003; Shambaugh, 2004-2005; Christensen, 2006. BERGER, Thomas. Set for stability? Prospects for cooperation and conflict in East Asia. *Review of International Studies*, v. 3, n. 26, p. 408-428, não foi publicado no mesmo periódico, mas foi influenciado por Friedberg e forma parte do debate sobre o futuro da estabilidade na região.

[55] Lampton, 2008; Shirk, 2007; Goldstein, 2005; Gill, 2007; JOHNSTON, Alistair. *Social states*: China in international institutions, 1980-2000. Princeton and Oxford: Princeton University Press, 2008.

[56] KELLER, William; RAWSKI, Thomas. Asia's shifting strategic and economic landscape. In: Keller; Rawski, 2007, p. 4-5.

O que a China quer?

[57] Kurlantzick, 2007.

[58] WINDYBANK, Susan. The China syndrome. *Policy*, v. 2, n. 21, p. 28, 2008.

[59] MOSHER, Steven. *Hegemon*: China's plan to dominate Asia and the world. New York: Encounter Books, 2001.

[60] FUKUYAMA, Francis. *The end of history and the last man*. London: Penguin, 1992. p. xiii; BARMA, Naazneen; RATNER, Ely. China's illiberal challenge. *Democracy: A Journal of Ideas*, n. 2, p. 57, 2006, apud LAI-HA, Chan; LEE, Pak; CHAN, Gerald. Rethinking global governance: a China model in the making? *Contemporary Politics*, v . 1, n. 14, p. 3-19, 2008.

[61] Frost, in: Keller; Rawski, 2007, p. 203.

[62] Whitney; Shambaugh, 2008.

[63] Pempel, 2008.

[64] GREEN, Michael. The United States and Asia after Bush. *Pacific Review*, v. 5, n. 21, p. 584, 2008.

[65] Ver Li, 2008; Sheng, 2008; Wang; Lu, 2008; Yanzhong; Ding, 2006; Cho; Jeong, 2008.

[66] SUISHENG, Zhao. Ambiguous challenge. *Chinese Security*, v. 3, n. 4, p. 10, 2008.

[67] SHEN, Simon. *Redefining nationalism in modern China*: Sino-American relations and the emergence of Chinese public opinion in the 21st century. Basingstoke: Palgrave, 2007.

[68] Keller; Rawski, 2007, p. 5-6.

[69] Zhang; Tang, in Shambaugh, 2005, p. 51.

[70] XIJIN, Hu. A competitive edge. *Chinese Security*, v. 3, n. 4, p. 27, 2008.

[71] YUE Chia Siow. Asean-China free trade área. Paper for presentation at the AEP Conference, Hong Kong, 12-13 April 2004. Disponível em: <www.hiebs.hku.hk/aep/Chia.pdf>. Acesso em: 29 mar. 2008. Como Yue observa, isso é possível porque estes setores são menos sensíveis politicamente na China do que no Japão.

[72] MAHBUBANI, Kishore. *The new Asian hemisphere*: the irresistible shift of global power to the East. New York: Public Affairs, 2008.

[73] MAHBUBANI, Kishore. Look east please. *The Star*, 9 Nov. 2008.

[74] Hu Jintao foi a Shandong, enquanto Wen Jiabao e outros líderes centrais visitaram Guandong, Zhejiang, Jiangsu e Shangai.

[75] Esses são os números que eram tipicamente reportados na imprensa no início de 2009. Discussões em março de 2009 em Pequim sugeriram que os números reais chegam perto de 25 milhões de um total de força de trabalho imigrante de 200 milhões.

[76] O baixo nível de componentes chineses e o baixo valor agregado no processamento dessas exportações são fonte de preocupação dentro da China – e mesmo assim, ironicamente, isso parece ter provido certo grau de isolamento das oscilações da economia global em tempo de crise. O declínio nas exportações ainda é sério e tem impacto significativo nos números gerais

de crescimento, mas não é tão prejudicial quanto em outras economias exportadoras. Eu explorei o processo e as implicações desse padrão de integração global em BRESLIN, Shaun. *China and the global political economy*. Basingstoke: Palgrave, 2007.

[77] YOUNG, Soogil. The case for an East Asian caucus on global governance: a Korean perspective. *East Asia Forum*, 12 Apr. 2009. Disponível em: <http://tinyurl.com/dm8hhm>. Acesso em: 21 abr. 2009.

[78] O anúncio foi planejado para a semana anterior à cúpula asiática na Tailândia, e de fato anunciado pelo ministro das Relações Exteriores, Yang Jiechi, em 12 de abril, antes no anúncio formal em Bo'ao cinco dias depois.

[79] NYE, Joseph. *Bound to lead*: the changing nature of American power. New York: Basic Books, 1990.

[80] LAMPTON, David. Soft power, hard choices. *Chinese Security*, v. 3, n. 4, p. 8, 2008.

[81] Ramo, 2004.

[82] Frost, in Keller; Rawski, 2007, p. 97.

Capítulo 4 — O que a China vai querer? As futuras intenções de uma potência em ascensão

[1] ZOELLICK, Robert B. *Whither China*: from membership to responsibility? Remarks to National Committee on U.S.-China Relations, New York, Sept. 21, 2005. Disponível em: <www.state.gov/s/d/rem/53682.htm>.

[2] Ver, por exemplo, as audiências que vêm acontecendo desde o verão de 2006 até a atualidade. Disponível em: <www.uscc.gov/hearings/hearingarchive.php>.

[3] Vice President's remarks to the Australian-American leadership dialogue, Shangri-La Hotel Sydney, Australia, Feb. 27, 2007. Disponível em: <www.whitehouse.gov/news/releases/2007/02/20070223.html>.

[4] JOHNSTON, Alastair Iain. Is China a status quo power? *International Security*, v. 4, n. 27, p. 5-56, 2003.

[5] Friedberg oferece uma tipologia e uma análise de contingências de relações futuras na qual falta uma exposição geral que nos diga se os eventos se moverão em uma direção ou em outra. Ver FRIEDBERG, Aaron L. The future of U.S.-China relations: Is conflict inevitable? *International Security*, v. 2, n. 30, p. 7-45, 2005.

[6] Friedberg (2005) mostra que há alguma variação nessa dicotomia: entre aqueles que enfocam o poder, alguns não veem a inevitabilidade de um conflito, enquanto alguns liberais, por outro lado, são mais pessimistas.

[7] Para um estudo que explore a relação entre a incerteza quanto a intenções e estratégias cooperativas ou conflituosas, ver EDELSTEIN, David. Managing uncertainty: Beliefs about intentions and the rise of great powers. *Security Studies*, v. 1, n. 12, p. 1-40, 2000.

[8] A síntese clássica do poder e da interdependência (sem incluir o papel das ideias) está em KEOHANE, Robert; NYE, Joseph S. *Power and Interdependence*: world politics in transition. Boston: Little, Brown, 1977.

O que a China quer?

[9] Ver SNYDER, Jack. *Myths of empire*. Ithaca: Cornell University Press, 1991; SOLINGEN, Etel. *Regional orders at century's dawn*: global and domestic influences on grand strategy. Princeton: Princeton University Press, 1998.

[10] A *Estratégia Nacional de Segurança dos Estados Unidos da América* (março de 2006) "busca encorajar a China a fazer as escolhas estratégicas corretas para o seu povo, enquanto nós fazemos a cobertura contra outras possibilidades". Disponível em: <www.whitehouse.gov/nsc/nss/2006/>. Ver também CARTER, Ashton; PERRY, William. China on the March. *National Interest*, n. 88, p. 16-22, Mar./Apr. 2007; Council on Foreign Relations, *U.S.-China Relations*: An Affirmative Agenda, A Responsible Course, Independent Task Force Report 59 (April 2007).

[11] THOMAS, Daniel C. *The Helsinki effect*: international norms, human rights, and the demise of Communism. Princeton: Princeton University Press, 2001; EVANGELISTA, Matthew. *Unarmed forces*: the transnational movement to end the Cold War. Ithaca: Cornell University Press, 1999.

[12] BULL, Hedley. *The anarchical society*: a study of order in world politics. 2. ed. New York: Columbia University Press, 1995.

[13] Ver MORGENTHAU, Hans J. *Politics among nations*: the struggle for power and peace. 3. ed. New York: Alfred A. Knopf, 1966; WOLFERS, Arnold. *Discord and collaboration*: essays on international politics. Baltimore: Johns Hopkins Press, 1962.

[14] ROSECRANCE, Richard. *The rise of the trading state*. New York: Basic Books, 1986.

[15] *Jiang Zemin's Report at the 15th National Congress of the Communist Party of China*, Sept. 12, 1997. Disponível em: <www.fas.org/news/china/1997/970912-prc.htm>; e HAO, Yen-p'ing; Wang, Erh-min. Changing Chinese views of Western relations, 1840–1895. In: FAIRBANK. John K. (Ed.). *The Cambridge History of China*. Cambridge: Cambridge University Press, 1978. v. 2.

[16] PILLSBURY, Michael. *China debates the future security environment*. Washington: National Defense University Press, 2000.

[17] Ver KENT, Ann. China's international socialization: the role of international organizations. *Global Governance*, v. 3, n. 8, p. 346-364, 2002; Johnston, 2003 e Beijing's security behavior in the Asian-Pacific: is China a dissatisfied power? In: CARLSON, Allen; KATZENSTEIN, Peter; SUH, J. J. (Ed.). *Rethinking security in East Asia*: identity, power, and efficiency. Stanford: Stanford University Press, 2004a.

[18] Ver WANG, Hongying. Multilateralism in Chinese foreign policy. In: HU, Weixing; CHAN, Gerald; ZHA, Daojiong (Eds.). *China's international relations in the 21st century*: dynamics of paradigm shifts. Lanham: University Press of America, 2000; e JOHNSTON, Alastair Iain. Treating international institutions as social environments. *International Studies Quarterly*, v. 4, n. 45, p. 487-515, 2001.

[19] Tais temas são comuns nos discursos dos anos 1970. Ver, por exemplo, os discursos centrais do X (1973) e do XI (1978) Congressos do partido. No discurso de Jiang no XVI Congresso Nacional do Partido Comunista Chinês, em novembro de 2002, esse papel tradicional praticamente não foi mencionado. A liderança de Hu Jintao voltou a colocar alguma ênfase nele.

[20] ROSS, Robert S. Beijing as a conservative power. *Foreign Affairs*, v. 2, n. 76, p. 33-44, 1997.

[21] Os cinco princípios, que foram incluídos na constituição chinesa, são 1) respeito pela soberania; 2) não agressão; 3) não interferência; 4) benefícios mútuos e equitativos; 5) coexistência pacífica.

[22] *Jiang Zemin's Report to the 16th National Congress of the Chinese Communist Party*, Nov. 8, 2002. Disponível em: <www.china.org.cn/english/features/49007.htm>. A recente "diplomacia de garantia" da China no sudeste da Ásia sugere um modo de liderança cooperativo não facilmente equacionado com uma dominação ou um comportamento balanceador, mas sim com algo que ainda é compatível com as normas vigentes. Ver MEDEIROS, Evan S.; FRAVEL, M. Taylor. China's new diplomacy. *Foreign Affairs*, v. 6, n. 82, p. 22-35, 2003; e SHAMBAUGH, David. China engages Asia: reshaping the regional order. *International Security*, v. 29, n. 3, p. 64-99, 2005.

[23] Wen, 2007. Disponível em: <www.chinadaily.com.cn/china/2007-03/03/content_818952. htm>.

[24] Citado em WESTAD, Odd Arne; JIAN, Chen; TONNESSON, Stein; VU TUNG, Nguyen; G. HERSHBERG, James (Eds.). *77 Conversations between chinese and foreign leaders on the Wars in Indochina, 1964-1977*. Washington: Cold War International History Project, 1998.

[25] YARDLEY, Jim; LAGUE, David. Beijing Accelerates defense spending. *New York Times*, Mar. 5, 2007; e Office of the Secretary of Defense, 2006.

[26] CRANE, Keith; CLIFF, Roger; MEDEIROS, Evan S.; MULVENON, James C.; OVERHOLT, William H. *Modernizing China's military*: opportunities and constraints. Santa Monica: Rand Corporation, 2005; e *Annual Report to Congress*: the military power of the People's Republic of China, 2006.

[27] Ver FOOT, Rosemary. *Rights beyond borders*: the global community and the struggle over human rights in China. New York: Oxford University Press, 2000; BARKIN, Samuel. The evolution of the constitution of sovereignty and the emergence of human rights norms. *Millennium*, v. 2, n. 27, p. 29-53, 1998; e PAYNE, Rodger A.; SAMHAT, Nayef H. *Democratizing global politics; discourse norms, international regimes, and political community*. Albany: State University of New York Press, 2004.

[28] RAMOS, Joshua Cooper. *The Beijing Consensus*. London: Foreign Policy Centre, 2004.

[29] *Building of political democracy in China*, Information Office of the State Council of the People's Republic of China, Oct. 2005, Beijing. Disponível em: <http://news.xinhuanet.com/english/2005-10/19/content_3645750.htm>.

[30] Foot, 2000:3.

[31] O respeito da China pelos direitos humanos sofreu um revés em 2006, quando o país apertou o cerco contra dissidentes, possivelmente em antecipação aos Jogos Olímpicos de 2008. Ver Human Rights Watch, *World report 2007*. Disponível em: <http://hrw.org/englishwr2k7/docs/2007/01/11/china14867.htm>. Às vezes, pequenos avanços são feitos. Por exemplo, o relatório do Human Rights Watch em 2005 notou que, ao emendar sua Constituição em março de 2004 para garantir a propriedade privada e os direitos humanos, a China "sinaliza o seu crescente reconhecimento dos direitos humanos". Human Rights Watch, Human Rights Overview: China, *World Report 2005*. Disponível em: <http://hrw.org/english/docs/2005/01/13/china9809.htm>.

O que a China quer?

[32] ZHANG, Yongjin. *China in international society since 1949*: alienation and beyond. New York: St. Martin's Press, 1998. p. 177-193; e Wen, 2007.

[33] GILPIN, Robert. *War and change in world politics*. Princeton: Princeton University Press, 1981. p. 187. Ver também ZAKARIA, Fareed. Realism and domestic politics: A review essay. *International Security*, v. 1, n. 17, p. 177-198, 1992.

[34] MEARSHEIMER, John J. *The tragedy of great power politics*. New York: Norton, 2001. p. 402.

[35] ROY, Denny. Hegemon on the horizon? China's threat to East Asian security. *International Security*, v. 1, n. 19, p. 149-168, 159-160.

[36] GEYER, Michael. Professionals and Junkers: German rearmament and politics in the Weimar Republic. In: BESSEL, Richard; FEUCHTWANGER, E. J. (Ed.). *Social Change and political development in Weimar Germany*. London: Croom Helm, 1981. p. 107.

[37] Hong Kong Jing bao, nº 172, p. 84-86, Nov. 5 1991. WHITING, Allen. Chinese nationalism and foreign policy after Deng. *China Quarterly*, n. 142, p. 295-316, June 1995.

[38] Apud MOSHER, Steven. *Hegemon*: China's Plan to Dominate Asia and theWorld. San Francisco: Encounter Books, 2001. cap. 1.

[39] Ver COPELAND, Dale. *Origins of Major War*. Ithaca: Cornell University Press, 2000b.

[40] Por exemplo, ver ORGANSKI, A. F. K.; KUGLER, Jacek. *The War Ledger*. Chicago: University of Chicago Press, 1980; Gilpin, 1981; KIM, Woosang; MORROW, James D. When do power shifts lead to war? *American Journal of Political Science*, v. 4, n. 36, p. 896-922, 1992; e Copeland, 2000b. Para diferentes estratégias no gerenciamento de tal situação, ver SCHWELLER, Randall. Managing the rise of great powers: history and theory. In: JOHNSTON, Alastair Iain; ROSS, Robert (Eds.). *Engaging China*: the management of a rising power. New York: Routledge, 1999.

[41] WALDRON, Arthur. Deterring China. *Commentary*, v. 4, n. 100, p. 17-21, 1995.

[42] Para o argumento de que a China tem uma longa tradição estratégica de pensamento em termos de *realpolitik*, ver JOHNSTON, Alastair Iain. *Cultural realism*: strategic culture and grand strategy in Chinese history. Princeton: Princeton University Press, 1995.

[43] Pillsbury, 2000; e YAQING, Qin. A response to Yong Deng: power perception and the cultural lens. *Asian Affairs: An American Review*, v. 3, n. 28, p. 155-158, 2001.

[44] No caso chinês, ver DITTMER, Lowell. Chinese informal politics. *China Journal*, n. 34, p. 1-34, July 1995.

[45] GILBERT, Margaret. Modeling collective beliefs. *Synthese*, v. 73, n. 1, p. 185-204, 1987.

[46] Para uma variedade de exemplos, ver WALT, Stephen. *The origins of alliance*. Ithaca: Cornell University Press, 1987; Snyder, 1991; STEIN, Arthur; ROSECRANCE, Richard (Eds.). *The domestic bases of grand strategy*. Ithaca: Cornell University Press, 1993; e KUPCHAN, Charles A. *The vulnerability of empire*. Ithaca: Cornell University Press, 1994.

[47] As transições mais poderosas acontecem sem conflito. Ver DE SOYSA, Indra; ONEAL, John R.; PARK, Yong-Hee. Testing power-transition theory using alternative measures of national capabilities. *Journal of Conflict Resolution*, v. 4, n. 41, p. 509-528, 1997.

[48] Johnston, 2001.

[49] FRIEDEN, Jeffry A.; ROGOWSKI, Ronald. The impact of the international economy on national policies: an analytical overview. In: KEOHANE, Robert O.; MILNER, Helen V. *Internationalization and domestic politics*. New York: Cambridge University Press, 1996.

[50] Disponível em: <www.chinadataonline.org>.

[51] *Statistical Reports on the Development of Chinese Internet*. Disponível em: <www.cnnic.net. cn/en/index/index.htm>.

[52] Rosecrance, 1986; e RUSSETT, Bruce; ONEAL, John. *Triangulating peace*: democracy, interdependence, and international organizations. New York: Norton, 2000.

[53] JOHNSTON, Alastair Iain. Chinese middle class attitudes towards international affairs: Nascent liberalization? *China Quarterly*, 179, p. 603-628, 2004b.

[54] ZHAO, Suisheng. Introduction: China's democratization reconsidered. In: ZHAO, Suisheng. *China and democracy*: reconsidering the prospects for a democratic China. New York: Routledge, 2000. p. 11-12; e Johnson, 2003:551-554.

[55] Partindo de argumentos oferecidos por acadêmicos, líderes chineses como o secretário-geral do partido, Hu Jintao, e o premiê Wen Jaibao têm argumentado que a modernização da China depende da paz, e que a "ascensão" da China não levará a políticas que gerem ameaças ou que se sustentem à custa de outros países. Ver SUETTINGER, Robert L. The rise and descent of "peaceful rise". *China Leadership Monitor*, 2004. Disponível em: <www.chinaleadershipmonitor.org/20044/rs.pdf>; e ZHENG, Bijian. China's "peaceful rise" to great power status. *Foreign Affairs*, v. 5, n. 84, p. 18-24, 2005.

[56] Para uma síntese dos dois argumentos que superam esses problemas, ver COPELAND, Dale. Economic interdependence and the future of U.S.– Chinese relations. In: IKENBERRY, G. John; MASTANDUNO, Michael (Eds.). *International relations theory and the Asia-Pacific*. New York: Columbia University, 2003.

[57] Para um argumento de que a China está pouco inclinada a se liberalizar no futuro próximo, ver MANN, James. *The China fantasy*. New York: Viking, 2007.

[58] WALDRON, Arthur. How would democracy change China? *Orbis*, v. 2, n. 48, p. 247-261, 2004.

[59] Disponível em: <http://chinadataonline.org/member/macroy/>.

[60] Ver ANDERSON, Benedict. *Imagined communities*: reflections upon the origin and spread of nationalism. 2. ed. London: Verso, 1983; HALBWACHS, Maurice. *On collective memory*. Ed. e trad. por Lewis Coser. Chicago: University of Chicago Press, 1992; KERTZER, David. *Ritual, politics, and power*. New Haven: Yale University Press, 1988.

[61] Por exemplo, a declaração da missão do Departamento de Estado dos EUA é "Criar um mundo mais seguro, democrático e próspero em benefício do povo norte-americano e da comunidade internacional". Disponível em: <www.state.gov/m/rm/rls/dosstrat/2004/23503.htm>. Para a dinâmica organizacional geral, ver SELZNICK, Phillip. *TVA and the grass roots*: a study of politics and organization. Berkeley: University of California Press, 1949. p. 69-70, 250-259 e *Leadership in Administration*: a sociological interpretation. New York: Harper & Row, 1957. p. 16; e WILSON, James Q. *Bureaucracy*. New York: Basic Books, 1989.

[62] MAY, Ernest R. The nature of foreign policy: the calculated versus the axiomatic. *Daedalus*, v. 4, n. 91, p. 653-667, 1962.

O que a China quer?

[63] Ver TOBY, Ronald. Reopening the question of Sakoku: diplomacy in the legitimation of the Tokugawa Bakufu. *Journal of Japanese Studies*, v. 2, n. 3, p. 323-364, 1997; e ADLER, Selig. *The isolationist impulse*. New York: Free Press, 1957.

[64] May, 1962:667.

[65] GONG, Gerrit W. *The standard of "civilization" in international society*. Oxford: Clarendon Press, 1984; ZHANG, Yongjin. *China in the international system, 1918–1920*. London: Palgrave Macmillan, 1991.

[66] Para o tratamento dado à consolidação na literatura sobre revoluções, ver, por exemplo, GOLDSTONE, Jack A. *Revolution and rebellion in the early modern world*. Berkeley: University of California Press, 1991.

[67] Como escreveu o então futuro revolucionário Sun Yatsen a um oficial militar em 1893, "o motivo pelo qual não alcançamos muito (em relação a outros países que se abriram) é que a opinião pública e as ideias arraigadas simplesmente não o permitiram". MITTER, Rana. *A Bitter revolution*: China's struggle with the modernworld. New York: Oxford University Press, 2004. p. 32.

[68] Ver HUNT, Michael. *Genesis of Chinese Communist foreign policy*. New York: Columbia University Press, 1996. p. 77ff.

[69] Essa é a afirmação de Frieden e Rogowski, 1996, que se coaduna bem com Copeland, 2003.

[70] Ver KECK, Margaret; SIKKINK, Kathryn. *Activists beyond borders*. Ithaca: Cornell University Press, 1998; Thomas, 2001.

[71] Friedberg, 2005, aponta com razão para a dificuldade de se prever o futuro, uma vez que ele depende de eventos que não podemos prever. Ainda assim, é possível explicar as condições e os mecanismos pelos quais os eventos produzem diferentes futuros.

[72] Ver LEGRO, Jeffrey W. *Rethinking the world*: great power strategies and international order. Ithaca: Cornell University Press, 2005.

[73] DOWNS, Erica Strecker; SAUNDERS, Philip C. Legitimacy and the limits of nationalism: China and the Diadyu Island. *International Security*, v. 3, n. 23, p. 114-146, 1998/99. Os autores argumentam que a China tem valorizado o desenvolvimento econômico acima das metas nacionalistas.

[74] *Jiang Zemin's Report to the 16th National Congress of the Chinese Communist Party*; Fewsmith, Joseph. The Sixteenth National Party Congress: the succession that didn't happen. *China Quarterly*, v. 3, n. 173, p. 1-16, 2003. Veja os recentes discursos feitos por Hu Jintao, sucessor de Jiang, que oferecem temas semelhantes, por exemplo: "President Hu outlines work agenda for 2005". Disponível em: <www.chinaembassy.org.il/eng/xwdt/t178046.htm>.

[75] Declaração da 15ª Plenária do Comitê Central do Partido Comunista Chinês, de 9 a 11 de outubro de 2005. Disponível em: <www.china.org.cn/english/features/45280.htm>.

[76] LAMPTON, David. *Same bed, different dreams*: managing US-China relations 1989-2000. Berkeley & Los Angeles: University of California Press, 2001. p. 251ff; e ZHAO, Suisheng. *A Nation State by construction*: dynamics of modern chinese nationalism. Stanford: Stanford University Press, 2004. Para um exemplo dessa visão da história, ver o livro *Branco da China*, de outubro de 2005, com o título "Building political democracy in China," especialmente a Seção I, "A choice suited to China's conditions".

[77] WU, Xinbo. Four contradictions constraining China's foreign policy behavior. *Journal of Contemporary China*, v. 27, n. 10, p. 293-301, 2001.

[78] RISKIN, Carl; KHAN, Azizur Rahman. Inequality and poverty in china in the age of globalization. New York: Oxford University Press, 2000; LARDY, Nicholas R. *Integrating China into the global economy*. Washington: Brookings Institution, 2002; ECKHOLM, Eric. Leaner Factories, Fewer workers bring more labor unrest to China. *New York Times*, Mar. 19, p. 1, 2002; e KAHN, Joseph. China's elite learn to flaunt it while the new landless weep. *New York Times*, Dec. 25, A1, 2004a; e China's 'haves' stir the 'have-nots' to violence. *New York Times*, Dec. 31, 2004b.

[79] GOLDSTEIN, Morris; LARDY, Nicholas. *What kind of landing for the chinese economy?* Institute for International Economics, Policy briefs in international economics, PB04-7, Nov. 2004. DOLLAR, David. China's economic problems (and ours). *Milken Institute Review*, v. 3, n. 7, p. 48-58, 2005.

[80] WANG, Sangui et al. *Inequality and poverty in China during reform*. PMMA Working Paper 2007-07, Mar. Disponível em: <www.132.203.59.36:81/Group/papers/papers/PMMA-2007-07.pdf>.

[81] Dados com base nas estatísticas divulgadas pela Agência de Segurança Pública da China. Disponível em: <www.zonaeuropa.com/20061115_1.htm>. Ver também TANNER, Murray Scot. China rethinks unrest. *Washington Quarterly*, v. 3, n. 27, p. 137-156, 2004.

[82] LIN, Joseph. In a fortnight – Beijing looking after the rural poor. *China Brief*, v. 5, n. 7, Mar. 8, 2007. Disponível em: <www.jamestown.org/china_brief/article.php?articleid_2373275>.

[83] Ver ZHEN, Yongnian. Nationalism, globalism, and China's international relations. In: HU, Weixing; CHAN, Gerald; ZHA, Daojiong. *China's international relations in the 21st century*: dynamics of paradigm shifts. University Press of America, 2000; GRIES, Peter Hays. *China's new nationalism*: pride, politics and diplomacy. Berkeley: University of California Press, 2004.

[84] CODY, Edward. China sends warning to Taiwan with Anti-Secession Law. Washington Post, Mar. 8, 2005, A12.

[85] Especialistas experientes em China apontam as dificuldades em avaliar a natureza e a força das coalizões concorrentes. Ver CHRISTENSEN, Thomas. The Party Transition: will it bring a new maturity in Chinese security policy? *China Leadership Monitor*, n. 5, p. 4-6, Winter 2003. Disponível em: <http://www.chinaleadershipmonitor.org/20031/tc.html>.

[86] Para as diferentes facções, ver SWAINE, Michael; TELLIS, Ashley. Interpreting China's grand strategy: past, present, and future. Santa Monica: Rand Corporation, 2000. p. 83-86; Johnston, 2003; YAN, Xuetong. The rise of China in Chinese eyes. *Journal of Contemporary China*, v. 26, n. 10, p. 33-39, 2001; e DENG, Yong; GRAY, Sherry. Introduction: growing pains-China debates its international future. *Journal of Contemporary China*, v. 26, n. 10, p. 5-16, 2001. Para uma visão geral, DITTMER, 1995, p. 1-39; e NATHAN, Andrew. A factionalism model for CCP politics. *China Quarterly*, n. 53, p. 34-66, Jan./Mar. 1973.

[87] *Jiang Zemin's Report at the 14th National Congress of the Communist Party of China*, 1992.

[88] "Chinese Communist Party Fifth Plenary Session Communiqué – Text", Xinhua News Agency Domestic Service, Beijing, Oct. 11, 2005; KAHN, Joseph. China approves plan to ease wealth gap. *New York Times*, Oct. 11, 2005; LI, Cheng. Hu's policy shift and the Tuanpai's com-

O que a China quer?

ing of age. *China Leadership Monitor*, n. 15, Summer 2005a. Disponível em: <www.chinalead-ershipmonitor.org/20053/lc.html> e China's inner-party democracy: Toward a system of "one party, two factions. *China Brief*, v. 24, n. 6, Dec. 6, 2006. Disponível em: <www.jamestown.org/china_brief/article.php?articleid_2373247>.

[89] KANG, David. Hierarchy, balancing, and empirical puzzles in Asian international relations. *International Security*, v. 3, n. 28, p. 165-181, 2004; e KHOO, Nicholas; SMITH, Michael. China engages Asia? Caveat lector: A response to David Shambaugh. *International Security*, v. 1, n. 30 p. 196-205, 2005.

[90] Por exemplo, discriminação contra estrangeiros. Ver Gries, 2004.

[91] HEER, Paul. A house united. *Foreign Affairs*, v. 4, n. 79, p. 18-25, 2000; e Li, 2005a.

[92] Yan, 2001:35.

[93] CHRISTENSEN, Thomas. Fostering stability or creating a monster? The rise of China and U.S. policy toward East Asia. *International Security*, v. 1, n. 31, p. 81-126, 2006.

[94] Divine, Robert A. *Second Chance*: the triumph of internationalism in America during World War II. New York: Atheum, 1967; e CULL, Nicholas John. *Selling War*: the British propaganda campaign against American neutrality in World War II. New York: Oxford University Press, 1990.

[95] No caso soviético, ver LYNCH, Allen. *The Soviet study of international relations*. Cambridge: Cambridge University Press, 1987; CHECKEL, Jeffrey T. *Ideas and international political change*: Soviet/Russian Behavior and the end of the Cold War. New Haven: Yale University Press, 1997; EVANGELISTA, Matthew. *Unarmed forces*: the transnational movement to end the Cold War. Ithaca: Cornell University Press, 1999; e RICHMOND, Yale. *Cultural exchange and the Cold War*: raising the iron curtain. University Park: Penn State University Press, 2003.

Livros publicados pela Coleção FGV de Bolso

(01) *A história na América Latina – ensaio de crítica historiográfica* (2009)
de Jurandir Malerba. 146 p.
Série 'História'

(02) *Os Brics e a ordem global* (2009)
de Andrew Hurrell, Neil MacFarlane, Rosemary Foot e Amrita Narlikar. 168 p.
Série 'Entenda o Mundo'

(03) *Brasil-Estados Unidos: desencontros e afinidades* (2009)
de Monica Hirst, com ensaio analítico de Andrew Hurrell. 244 p.
Série 'Entenda o Mundo'

(04) *Gringo na laje – produção, circulação e consumo da favela turística* (2009)
de Bianca Freire-Medeiros
Série 'Turismo'

(05) *Pensando com a sociologia* (2009)
de João Marcelo Ehlert Maia e Luiz Fernando Almeida Pereira. 132p.
Série 'Sociedade & Cultura'

(06) *Políticas culturais no Brasil: dos anos 1930 ao século XXI* (2009)
de Lia Calabre. 144 p.
Série 'Sociedade & Cultura'

(07) *Política externa e poder militar no Brasil: universos paralelos* (2009)
de João Paulo Soares Alsina Júnior. 160 p.
Série 'Entenda o Mundo'

(08) *A mundialização* (2009)
de Jean-Pierre Paulet. 164 p.
Série 'Sociedade & Economia'

(09) *Geopolítica da África* (2009)
de Philippe Hugon. 172 p.
Série 'Entenda o Mundo'

(10) *Pequena introdução à filosofia* (2009)
de Françoise Raffin. 208 p.
Série 'Filosofia'

(11) *Indústria Cultural – uma introdução* (2010)
de Rodrigo Duarte. 132 p.
Série 'Filosofia'

(12) *Antropologia das emoções* (2010)
de Claudia Barcellos Rezende e Maria Claudia Coelho. 136 p.
Série 'Sociedade & Cultura'

(13) *O desafio historiográfico* (2010)
de José Carlos Reis. 160p.
Série 'História'

(14) *O que a China quer?* (2010)
de Matias Spektor e Dani Nedal (Orgs.). 136p.
Série 'Entenda44 o Mundo'

(15) *Os índios na História do Brasil* (2010)
de Maria Regina Celestino de Almeida. 164p.
Série 'História'

(16) *O que é o Ministério Público?* (2010)
de Alzira Alves de Abreu. 124p.
Série 'Sociedade & Cultura'